Viviane Theby

HUNDESCHULE

Kosmos

Die roten Pfeile ▸ weisen auf die praktischen Übungen hin.

Die Lerntheorie

Assoziation

Motivation

Das Formen

Das Kommando

Verschiedene Belohnungsmodelle

Verhaltensketten ▸ 73

Strafe ▸ 82

Was beeinflusst das Lernen? ▸ 99

Service ▸ 115

Die Lerntheorie

Einleitung

Warum soll man sich als Hundehalter mit der Theorie des Lernens beschäftigen? Eine Frage, auf die es sicherlich mehrere Antworten gibt. Erst kürzlich sah ich bei einem Sachkundenachweis (vorgeschrieben für die Halter »gefährlicher Hunde« in Rheinland-Pfalz) ein für mich sehr unschönes Bild: Der Halter hatte seine Staffordshire-Hündin hervorragend im Griff. Aber jedes Mal, wenn er »Bei Fuß« sagte, zuckte sie zusammen, wie von einer Peitsche getroffen. Meist folgte dann noch der Ruck an der Leine, denn der gute Herr wollte natürlich, dass sein Hund besonders gut folgt in dieser Situation, was ja auch verständlich ist. Ich glaube nicht, dass dieser Mann seiner Hündin mit Absicht solche Schmerzen zufügte, denn er mochte sie sehr gerne. Er hatte es einfach nicht anders gelernt.

Leider wird noch in den meisten Hundeschulen mit dieser »Leinen-Ruck-Methode« gearbeitet, so dass es für die meisten Hundehalter den Anschein hat, es müsste so sein. Ein von B. F. Skinner veröffentlichter Text zeigt, dass dem nicht so ist:

»Es heißt oft, die Erziehung (eines Hundes) sei eine Kunst, wir haben aber immer mehr Grund anzunehmen, dass es eines Tages eine Wissenschaft wird. Bis jetzt haben wir schon genug über die Natur des Lernens entdeckt, um Trainingsmethoden zu empfehlen, die effektiver sind und verlässlichere Ergebnisse erzielen, als die Daumen-Drauf-Methoden der Vergangenheit. An Tieren ausprobiert, erwiesen sich diese Techniken um einiges besser als die traditionellen Methoden professioneller Trainer; sie erzielten bemerkenswertere Ergebnisse mit viel weniger Aufwand...«

Obschon dieser Text sehr modern klingt, stammt er immerhin aus dem Jahre 1951. Aber bis heute hat sich das leider kaum herumgesprochen. Immer noch werden allerorts auf den Hunde-Übungsplätzen die Tiere angeschrieen, es wird an der Leine geruckt und es werden gar nicht selten sogar tierschutzwidrige Utensilien wie Stachelhalsband oder Elektroschock-Halsband in der Ausbildung verwendet. Und den Hundehaltern wird das dann so verkauft, als müsste es so sein.

Diejenigen, die etwas sensibel für die Belange ihres Hundes sind, spüren, dass es das nicht sein kann. Mangels einer Alternative lassen sie die Ausbildung ihres Hundes lieber ganz sein, nach dem Motto: Was brauche ich auch einen ausgebildeten Hund? Das kann aber heutzutage keine Lösung mehr sein, wo das Ansehen des Hundes so sehr in der Öffentlichkeit steht. Gerade

Hundeausbildung soll beiden Spaß machen: Mensch und Hund.

heute gilt es, wirklich gut erzogene Hunde zu haben. Leider sind auch nicht alle Hunde von Haus aus so wohl erzogen und wissen, was richtig und falsch ist, wie es uns Lassie oder Kommissar Rex vielleicht vortäuschen. In Wirklichkeit können wir von einem Hund nur das erwarten, was wir ihm auch beigebracht haben. Und es kann so viel Spaß machen, einen Hund auszubilden; nämlich dann, wenn man sieht, dass auch der vierbeinige Freund mit Spaß bei der Sache ist und die nächste Unterrichtsstunde gar nicht abwarten kann. Sie glauben, das gibt es nicht? Und ob! Mit diesem Buch möchte ich Ihnen zeigen, wie Sie das bewerkstelligen. Es gehört etwas an theoretischem Hintergrundwissen dazu, aber auch die Praxis wird nicht zu kurz kommen. Ich hoffe, Ihnen damit auch einiges an Argumentationspunkten in die Hand zu geben, um die traditionellen Hundeausbilder endlich zu überzeugen, dass es bessere Wege gibt, einen Hund auszubilden.

Um bestimmte Dinge deutlich zu machen, werden wir den Klicker in den praktischen Übungen verwenden. (Für die, die es noch nicht wissen: Der Klicker ist ein Ding, das ein Geräusch macht ähnlich dem Knackfrosch der Kinder.) Für mich ist das nicht eine neue Methode der Ausbildung. Vielmehr ist die Ausbildung mit dem Klicker auch nur so gut oder so schlecht, wie die Theorie, die dahinter steckt. Aber durch den Klicker kann ich viele Sachen besser verdeutlichen und Ihnen hoffentlich verständlicher machen. Wenn Sie die Theorie, die dahinter steckt, dann erst einmal gelernt haben, wollen Sie den Klicker vielleicht gar nicht mehr verwenden. Das ist dann auch in Ordnung. Vielleicht haben Sie bis dahin aber auch festgestellt, dass er einiges vereinfacht und benutzen ihn gerne weiter. Auch das ist in Ordnung.

Die praktischen Übungen sind in einzelne Übungsschritte unterteilt, die Sie ganz einfach nachvollziehen können. Wenn Sie das Buch zusammen mit Ihrem Hund durcharbeiten, lernt Ihr vierbeiniger Freund mit Ihnen spielerisch die wichtigsten Kommandos und auch einige Tricks sind dabei. Ich wünsche Ihnen und Ihrem Hund viel Spaß und viel Erfolg!

▸ Ein wenig Theorie muss sein ...

Das Lernen unterliegt gewissen Gesetzen, genau wie z. B. die Schwerkraft. Seit vielen Jahrzehnten beschäftigen sich die Wissenschaftler mit den Vorgängen des Lernens. Unzählige Versuchstiere mussten Labyrinthe durchlaufen oder andere Aufgaben lösen. Es wird nun Zeit, dass das, was mit ihrer Hilfe herausgefunden wurde, endlich Einzug in das Bewusstsein der Ausbilder hat. Ausbilder ist dabei jeder, der einen Hund oder ein anderes Tier hat, und ihm etwas beibringen möchte.

Wir werden uns im Folgenden mit der Theorie des Lernens beschäftigen. Eine Ausbilderin von mir hat die Lerntheorie immer mit Klavierspielen verglichen. Ich werde Ihnen also die einzelnen Akkorde beibringen, damit Sie sie zu Melodien zusammensetzen können.

Der Anfang wird vielleicht etwas theoretisch. Aber die Theorie ist wichtig, um später in der Praxis damit spielen zu können.

▸ Klassische Konditionierung – Lernen von Zusammenhängen

Die klassische Konditionierung ist eine Form des Lernens, die – eigentlich so ganz nebenbei – Anfang des 20. Jahrhunderts von dem russischen Wissenschaftler Iwan Pawlow entdeckt wurde. Für seine Forschungen untersuchte er das Verdauungssystem der Hunde. Durch eine Operation legte er den Ausführungsgang der Speicheldrüsen bei einigen Hunden nach außen, um den Speichel aufzufangen und untersuchen zu können. Dabei stellte er fest, dass die Tiere nicht nur speichelten, wenn sie das Futter vorgesetzt bekamen, sondern nach einigen Malen auch schon, wenn der Versuchsassistent, von dem sie das Futter normalerweise bekamen, durchs Zimmer ging.

Glücklicherweise erahnte Pawlow die Bedeutung dieses Phänomens und war flexibel genug, seine Forschungen in diese Richtung zu lenken.

Er präsentierte den Tieren, nachdem er für sie eine weitgehend reizfreie Umgebung geschaffen hatte, unterschiedliche Reize unmittelbar vor der Fütterung. Einer davon war zum Beispiel ein Metronom. Ein Metronom hat normalerweise keinerlei Bedeutung im Leben eines Hundes. Aber nach einiger Zeit speichelten die Tiere schon, wenn sie nur das Metronom hörten.

Was ist passiert?

Das Futter ist ein so genannter unkonditionierter Stimulus (US) (oder unbedingter Reiz), der als unkonditionierte Reaktion (UR) (oder unbedingte Reaktion) das Speicheln hervorruft. Dieser Vorgang ist angeboren, der Hund braucht das nicht zu lernen und kann das nicht beeinflussen. Unkonditioniert heißt so viel wie nicht erlernt.

Wenn nun das Futter einige Male direkt nach dem Metronom gegeben wird, welches normalerweise keinerlei Bedeutung für den Hund hat, wird es zum konditionierten Stimulus (CS) (oder bedingten Reiz). Der Hund hat gelernt, dass das Metronom das Erscheinen des Futters ankündigt. Er fängt also jetzt schon an zu speicheln, wenn er das Ticken des Metronoms hört. Dieses Speicheln nennt man jetzt die konditionierte Reaktion (CR) (oder bedingte Reaktion).

Das brauchen Sie sich nicht unbedingt zu merken. Wichtig ist, dass ein ehemals unbedeutender Reiz durch die Verknüpfung mit einem für den Hund bedeutsamen Reiz selbst Bedeutung bekommt.

Nach etlichen Jahren der Forschung auf dem Gebiet der klassischen Konditionierung hat sich herausgestellt, dass Pawlow eigentlich nur einen Spezialfall dieses Vorganges entdeckt hat. Heute weiß man, dass die klassische Konditionierung viel mehr als nur das ist. Mit ihr lernen Lebewesen etwas über die Zusammenhänge bestimmter Ereignisse in ihrer Umgebung.

Wir werden später sehen, wie wir uns die klassische Konditionierung in der Hundeausbildung zu Nutze machen können. Hier schon mal eine einfache Anwendung:

Die klassische Konditionierung in der Praxis: Konditionieren auf den Klicker

Genau wie Pawlow seinen Hunden das Metronom vorspielte, bevor sie Futter erhielten, werden Sie Ihrem Hund den Klicker »vorspielen«, bevor er Futter bekommt.

Sollten Sie aus irgendwelchen Gründen gegen die Verwendung eines Klickers sein, können Sie stattdessen auch ein Wort verwenden. Suchen Sie sich bitte eines aus, das kurz ist, das Ihr Hund noch nicht kennt und das im normalen Sprachgebrauch nicht vorkommt. Das können Sie dann im Folgenden an Stelle des Klickers verwenden. Ich empfehle Ihnen dennoch, den Klicker versuchshalber auszuprobieren, es sei denn, Sie haben einen extrem geräuschempfindlichen Hund.

Der Klicker ist eine Art Knackfrosch, wie es ihn als Kinderspielzeug gibt. Am besten machen Sie diese Übung abends vor dem Fernseher, wenn Sie bequem sitzen und für den Hund keine große Ablenkung da ist.

Sie brauchen dazu nichts weiter als den Klicker und eine Menge besonders guter Leckerchen. Diese sollten möglichst klein sein. Auch für einen großen Hund sind erbsengroße Stücke ausreichend. Sollte Ihr Hund Gewichtsprobleme haben, ziehen Sie ihm diese Extraration Leckerchen einfach von seiner normalen täglichen Ration ab, so dass es eben keine Extraration mehr ist. Dann kann es losgehen.

Füttern Sie dem Hund zunächst ein oder zwei Leckerchen, damit er weiß, dass Sie was Gutes haben. Dann brauchen Sie den Hund nicht mehr zu beachten und können sich in Ihren Film vertiefen.

Sie sitzen also da, sehen auf den Fernseher, haben in einer Hand den Klicker und in der anderen das Leckerchen. Von Zeit zu Zeit klicken Sie und öffnen anschließend sofort die Hand mit dem Leckerchen. Wichtig ist, dass der Hund das Leckerchen unmittelbar(!) nach dem Klick bekommt, am besten, wenn der Klick gerade am Abklingen ist. Wenn Sie die Hand gleichzeitig mit dem Klick öffnen und der Hund sich dann das Leckerchen nimmt, haben Sie das in etwa erreicht. Wiederholen Sie das einige Male. Sie sollten diese Übung völlig unabhängig vom Verhalten des Hundes machen. Wichtig ist wirklich nur, dass er anfangs das Leckerchen sofort nach dem Klick bekommt. Wenn Sie einen Hund haben, der nicht so heiß auf die Leckerchen ist, machen Sie diese Übung am besten, wenn er hungrig ist, also kurz vor seiner Mahlzeit.

Wenn er sich das Leckerchen genommen hat, nehmen Sie sich sofort ein neues, halten die Hand aber noch geschlossen. Diese öffnet sich erst unmittelbar nach dem nächsten Klick wieder.

Versuchen Sie, nach immer unterschiedlichen Zeitabständen zu klicken. Das fällt uns Menschen oft schwer. Wir kommen allzu leicht in einen gewissen Rhythmus, den der Hund dann auch schnell durchschauen würde. Deshalb ist es auch wichtig, dass Sie sofort wieder »nachladen«, wenn Sie ein Leckerchen abgegeben haben. Der Hund soll nämlich nicht das Greifen zur Dose als Zeichen für sein ersehntes Futter erkennen, sondern wirklich nur das Geräusch des Klickers. Wenn Sie das einige Male (10–15 Mal) wiederholt haben, warten Sie mit dem nächsten Klick mal, bis der Hund in eine andere Richtung schaut. Wenn er jetzt bei Ertönen des Klickers sofort guckt, wo denn sein Leckerchen bleibt, haben Sie ihn auf den Klicker konditioniert. Der ehemals unbedeutende Ton wurde zu einem Zeichen, dass die Hand aufgeht und er an sein Leckerchen kommt.

Erinnern Sie sich noch:
Futter ▸ unkonditionierter Stimulus (US)
Klicker ▸ konditionierter Stimulus (CS)
Speicheln ▸ unkonditionierte Reaktion (UR)
Speicheln, sich nach der Hand orientieren ▸ konditionierte Reaktion (CR)

Wiederholen Sie diese Übung einige Male in der nächsten Woche, um die Verknüpfung Klick = Futter gut zu festigen (siehe Seite 17).

WEITERE PHÄNOMENE DER KLASSISCHEN KONDITIONIERUNG ▸ Ein weiteres wichtiges Phänomen in der klassischen Konditionierung ist das **Löschen** einer konditionierten Reaktion. Wenn nämlich zum Beispiel dem Klicker als konditioniertem Stimulus einige Male kein Futter (unkonditionierter Stimulus) mehr folgt, wird die konditionierte Reaktion gelöscht. Der Klicker wird für den Hund wieder bedeutungslos. Deshalb ist es – zumindest in der Anfangszeit – wichtig, dass jedem Klick auch ein Leckerchen folgt.

Sally lernt hier, was der Klicker bedeutet.

Wichtig im Zusammenhang mit dem Löschen ist noch, dass ein Verhalten, bevor es gelöscht wird, erst noch besonders stark wird. Nehmen wir als Beispiel das Betteln bei Tisch. (Anmerkung: Die folgenden Beispiele sind keine reine klassische Konditionierung. In der Praxis kann man die klassische nicht so klar von der instrumentellen Konditionierung, die später noch erklärt wird, trennen. Aber die Prinzipien gelten dennoch.) Sie haben sich also vorgenommen, das Betteln am Tisch löschen zu wollen, indem der Hund nie mehr etwas Fressbares vom Tisch bekommt. Der Hund wird sich daraufhin erst einmal besonders ins Zeug legen, um wieder was zu bekommen. Darauf müssen Sie gefasst sein, und dem müssen Sie widerstehen und dürfen ja nicht nachgeben! Der Hund wird dann schon aufhören. Ähnlich verhalten Sie sich z. B., wenn Sie eine Mark in einen Getränkeautomat geworfen haben und es kommt nicht wie gewohnt eine Flasche heraus. Bevor Sie das so einfach hinnehmen, werden Sie wohl je nach Temperament

Anfangs schließt Lisa die Hand, der sich die Hündin als Erstes nähert, mit dem Kommando »Nein«, damit dadurch für Navajo ein Misserfolg angekündigt wird.

vielleicht noch mal eine Mark einwerfen, vielleicht auch einmal kräftig am Automaten rutteln oder dagegentreten, ehe Sie es endgültig aufgeben.

In diesem Zusammenhang ist noch die **spontane Erholung** zu erwähnen. Ist eine Reaktion gelöscht, wird sie nach einiger Zeit erst mal wieder spontan auftreten. Hierzu ein Beispiel: Sie wollen Ihrem Hund abgewöhnen, sich aufzuregen und zu bellen, wenn die Türglocke läutet. Die Türglocke ist der konditionierte Stimulus (CS) zu dem unkonditionierten Stimulus (US) Besuch. Die konditionierte, also erlernte Reaktion auf das Läuten ist Bellen und Sichaufregen. Nachdem, was Sie bisher gelernt haben, wie würden Sie dieses Problem angehen? Richtig, man kann diese Reaktion löschen, indem das Läuten als konditionierter Stimulus nicht mehr von einem unkonditionierten Stimulus, nämlich dem Besuch, gefolgt wird. Sie würden also jemanden bitten, ganz oft bei Ihnen zu klingeln, ohne dass daraufhin irgendetwas passiert, d. h. Sie reagieren nicht darauf und gehen nicht zur Tür. Wenn das oft genug geschieht, wird das Verhalten des Hundes, nämlich das Bellen, gelöscht. Die Klingel hat keine Bedeutung mehr für ihn. Am nächsten Tag wird er aber wieder bellen, wenn die Türglocke läutet. Das nennt man die spontane Erholung. Allerdings geht es dieses Mal viel schneller, bis das Verhalten wieder gelöscht ist, vorausgesetzt, die Türklingel bedeutet auch weiterhin nicht, dass jemand zu Besuch kommt.

Und nun wieder das Beispiel mit Ihnen und dem Getränkeautomat: Am nächsten Tag sind Sie ganz in Gedanken versunken und gehen wie immer zum Automaten, um sich ein Getränk zu ziehen. Auch Ihr Verhalten hat sich spontan erholt.

Dieses Phänomen können wir uns in der Ausbildung zu Nutze machen, wenn der Hund einmal einen schlechten Tag hat und eine Übung, die sonst immer geklappt hat, aus irgendwelchen Gründen nicht gelingt. Bevor Sie nun darauf herumreiten und sich und den Hund unnötig frustrieren, überschlafen Sie die Sache doch einfach. Sie haben gute Chancen, dass es zu einer spontanen Erholung kommt, und am nächsten Tag ist alles vergessen. Wenn nicht, kann man dann immer noch weitersehen.

Sie sehen, so langsam bekommt die ganze Theorie einen Sinn. Wir können dadurch bestimmte Verhaltensweisen des Hundes erklären und voraussagen.

Ein nächstes Phänomen ist die **konditionierte Hemmung**. Ein Reiz, der dem Hund zeigt, dass der unkonditionierte Stimulus mit Sicherheit nicht(!) folgt, ist ein konditionierter Hemmer. Für uns wäre das der Zettel mit der Aufschrift »Außer Betrieb« auf dem Getränkeautomat.

Dazu ein praktisches Beispiel:

Schon bald kann die Hand offen bleiben, weil die Hündin verstanden hat, dass ein Versuch zwecklos wäre.
Zur Belohnung gibt es ein Leckerchen aus der anderen Hand.

»Nein«-Kommando I

Dieses Kommando soll für den Hund bedeuten, dass er mit dem, was er gerade tut, aufhören und stattdessen zu seinem Halter zurückkommen soll. Sie können Ihrem Hund folgendermaßen das »Nein«-Kommando beibringen: Machen Sie es sich mit Leckerchen bewaffnet bequem in Ihrem Sessel. Jede Hand wird mit einem Leckerchen »geladen« und der Hund darf sie sich von der flachen Hand einfach so nehmen. Dann geben Sie das »Nein«-Kommando und schließen augenblicklich die Hand, von der Ihr Hund das Leckerchen nehmen will. Wenn Ihr Hund das Wort »Nein« schon kennt, lassen Sie sich einfach ein neues Kommando einfallen, wie z. B. »Na, denkste«, »Pustekuchen« oder sonst was.

Das Leckerchen der anderen Hand darf sich der Hund als Belohnung nehmen. (Anmerkung: Diese Belohnung ist für die reine klassische Konditionierung gar nicht notwendig. Der Hund würde die Übung auch lernen, wenn Sie die wegließen. So beschleunigt es das Lernen aber etwas und macht auch mehr Spaß.) Es wird wieder nachgeladen und wenn sich der Hund einer Hand nähert, geben Sie das Kommando und schließen die Hand. Wenn Sie das einige Male wiederholt haben, werden Sie feststellen, dass Sie die Hand gar nicht mehr zu schließen brauchen, wenn Sie das Kommando gegeben haben. Ihr Hund wird das betreffende Leckerchen liegen lassen und sich an der anderen Hand bedienen.

Was hat er also gelernt: Das »Nein«-Kommando bedeutet, dass es kein Leckerchen aus dieser Hand gibt. Es ist ein konditionierter Hemmer. Selbst wenn es der Hund trotzdem probieren sollte, bedeutet es nur Misserfolg. In der Natur wird aber normalerweise keine Energie für aussichtslose Vorhaben verschwendet. Wichtig ist nur, dass Sie auch immer schnell genug sind und das »Nein«-Kommando für den Hund auch wirklich Misserfolg bedeutet.

Das war jetzt der erste Schritt für den Aufbau des »Nein«-Kommandos. Üben Sie das in nächster Zeit an möglichst vielen Stellen. Trainieren Sie dabei Ihr Reaktionsvermögen und Ihre

Geschwindigkeit. Später wird auf diese Übung aufgebaut. Das Ziel dieser Übung wird sein, den Hund mit »Nein« z. B. von einem Hasen abzurufen. Bis dahin ist es jedoch noch ein weiter Weg. Ich empfehle Ihnen, das Kommando für diese Übung vorläufig nur beim Üben zu verwenden, so lange, bis es so weit aufgebaut ist, dass der Hund auch im Ernstfall darauf hört.

KONDITIONIERUNG ZWEITER ORDNUNG ▸ Ist ein bestimmter Reiz erst einmal gut konditioniert, kann er als unkonditionierter Stimulus für einen anderen Reiz dienen. Dazu ein Beispiel: Der Hund hat eine schlechte Erfahrung in der Tierarztpraxis gemacht. Den Tierarzt im weißen Kittel hat der Hund mit Schmerz verknüpft. Die konditionierte Reaktion ist Angst und Meideverhalten. Das kann sich fortsetzen aufs Wartezimmer. Das Wartezimmer wird zum konditionierten Stimulus zweiter Ordnung.

Fährt der Hund außer zum Tierarzt sonst nie mit dem Auto, kann das Auto zum konditionierten Stimulus dritter Ordnung für den Hund werden. Auch hier wird er dann also Angst und Meideverhalten zeigen, obwohl von dem eigentlichen Angstauslöser, nämlich dem Tierarzt, noch weit und breit nichts zu sehen ist. Die Konditionierung zweiter Ordnung spielt eine große Rolle im Verhalten der Hunde. Für uns oft unverständliche Reaktionen lassen sich mit ihrer Hilfe erklären.

GEGENKONDITIONIEREN ▸ Außer dem Löschen entdeckte Pawlow noch eine andere Vorgehensweise, eine konditionierte Reaktion zu eliminieren, nämlich das Gegenkonditionieren. Pawlow zeigte das damals auch an seinen Hunden. Der unkonditionierte Stimulus war ein leichter Schock, der eine Fluchtreaktion auslöste. Diesen Stimulus paarte er mit Futter. Ein Hund kann nicht fliehen und fressen gleichzeitig. Wenn also dieser milde Schock (US) auftrat, orientierten sich die Hunde nach dem Futter und fingen an zu speicheln. Sie zeigten keinerlei Fluchtverhalten. Gegenkonditionieren heißt also, ein Verhalten durch ein anderes zu ersetzen, wobei das eine Verhalten das andere ausschließt. Es ist eine Vorgehensweise, die man gut in der Ausbildung eines Hundes einsetzen kann. Einem Hund, der stürmisch jeden Besuch begrüßt, kann man beibringen, dass das Läuten der Türglocke heißt, er soll sich auf seinen Platz legen. Ein Hund kann nicht gleichzeitig die Leute anspringen und auf seinem Platz liegen. Hier haben wir also ein Beispiel für Gegenkonditionieren.

GENERALISIEREN – VERALLGEMEINERN ▸ Pawlow entdeckte außerdem, dass die Hunde nicht nur auf einen bestimmten Reiz reagierten, sondern auch auf ähnliche. Zum Beispiel paarte er Töne unterschiedlicher Höhe mit Futter, nachdem die Hunde auf einen bestimmten Ton konditioniert waren. Die Hunde reagierten dann auch in derselben Art und Weise auf ähnliche Töne. Dieses Phänomen nennt man Generalisieren.

Generalisieren bzw. verallgemeinern muss der Hund auch die Kommandos, die wir ihm beibringen. Zuerst heißt »Sitz« nämlich nur »Sitz« im Wohnzimmer, bzw es zuerst mit dem Hund üben. Er muss dann noch lernen, dass »Sitz« auch »Sitz« bedeutet draußen

Die Eurasier-Hündin Ayla achtet in diesem Fall wahrscheinlich nur auf Helenes Handzeichen. Das Wort-Kommando wird von diesem überschattet.

auf der Wiese, auf der Straße usw. und dass es auch egal ist, ob Sie stehen, sich bewegen und nah oder weit vom Hund entfernt sind, wenn Sie das Kommando geben.

UNTERSCHEIDUNG ▸ In der Natur ist es wichtig, dass man nicht alles verallgemeinert. Deswegen wollte Pawlow herausfinden, inwieweit seine Hunde in der Lage waren, ähnliche Stimuli zu unterscheiden. Aber auch ein ständiges Wiederholen ein und derselben Tonhöhe gepaart mit Futter führte nicht dazu, dass die Hunde auf ähnliche Töne anders reagierten. Das gelang nur mit einem Unterscheidungstraining. Auf das Ertönen eines Tones einer bestimmten Höhe folgte Futter, auf einen ähnlichen Ton folgte kein Futter. Während die Hunde am Anfang des Experimentes noch auf beide Töne reagierten, lernten sie aber, diese mit der Zeit zu unterscheiden, und reagierten nur noch auf den Ton, dem auch Futter folgte.

Beim Betteln am Tisch lernen die Hunde auch ganz schnell zu unterscheiden, bei wem sie Erfolg haben und bei wem nicht. Beim Obedience-Training, einer bestimmten Hundesportart, besteht eine Aufgabe darin, einen bestimmten Gegenstand aus mehreren gleichen Gegenständen herauszufinden. Auch da macht man sich das Unterscheidungstraining zu Nutze.

Eine Kollegin von mir lehrte ihren Hund, zwischen Anheben der linken und der rechten Augenbraue zu unterscheiden. Das eine war das Signal für »Sitz«, das andere für »Platz«.

DAS BLOCKIEREN ▸ Das Blockieren ist eine Eigenschaft beim klassischen Konditionieren, die erst in den siebziger Jahren entdeckt wurde. Es besagt Folgendes: Wenn ein Reiz konditioniert wird und daraufhin eine Bedeutung für das Tier bekommt und anschließend genau dieser Reiz in Kombination mit einem anderen noch einmal konditioniert wird, wird die Konditionierung dieses zweiten Reizes blockiert. Ein Beispiel dafür ist folgendes Phänomen: Wir haben dem Hund ein Verhalten beigebracht, das wir jetzt unter ein Wort-Kommando bringen wollen. Das Handzeichen für dieses Verhalten kennt der Hund bereits. Es bringt jetzt nichts, das Wort-Kommando zusammen mit dem Handzeichen zu geben. Das Wort-Kommando wird in diesem Fall blockiert. Wenn nämlich unsere Körpersprache bereits ein Hinweis für das erwünschte Verhalten ist, braucht man als Hund nicht nach weiteren Hinweisen zu suchen. Die Natur ist in dieser Hinsicht auf Energiesparen eingestellt. Das bedeutet, dass das Wortkommando in dem Fall einfach überhört wird. Diesen Zustand findet man bei den Hunden relativ oft. Das Kommando allein reicht meistens nicht aus, ein von uns gewünschtes Verhalten auszuführen. Die Hunde brauchen immer noch ein wenn auch noch so kleines Körpersignal. Oft ist es uns gar nicht bewusst, dass wir noch ein solches Signal geben. Das fällt eher Beobachtern auf.

Wie kann man dem Hund aber dennoch das Wort-Kommando beibringen? Überlegen Sie einmal. Genau! Das Kommando muss kurz vor(!) dem Handzeichen kommen, eine Art Konditionierung zweiter Ordnung.

Ein ähnliches Phänomen ist das des **Überschattens**. Überschatten tritt auf, wenn zwei Zeichen gleichzeitig gegeben werden. In diesem Fall überschattet das für den Hund wichtige Zeichen das unwichtige. Das tritt oft in der herkömmlichen Ausbildung auf. Der Hund lernt ein bestimmtes Kommando, z.B. das »Sitz«. Außer dem Wort erhält er immer auch andere Zeichen, sei es nun ein Ruck am Halsband oder ein leichtes Vornüberbeugen des Hundeführers. In jedem Fall sind diese anderen Zeichen für den Hund wichtiger, weil ihm die Sprache nicht so viel bedeutet wie unsere Körpersignale. Das Lernen des Wort-Kommandos wird dadurch mehr oder weniger stark überschattet. Das können Sie leicht testen, indem Sie Ihrem Hund das Kommando »Sitz« geben (sofern er es schon kennt), indem Sie mit dem Rücken zu ihm stehen, er also die gewohnten anderen Zeichen nicht bekommt. Die allermeisten Hunde verstehen in diesem Fall nicht, was von ihnen gefordert wird, und sie können es aus oben genanntem Grund auch gar nicht verstehen.

Ärgern Sie sich darum nicht über Ihren »dummen« Hund. Sie können sicher sein, dass bei diesem Experiment bestimmt die allermeisten Hunde versagen werden.

▸ Instrumentelle Konditionierung – Lernen durch Versuch und Irrtum

Anfangs des 20. Jahrhunderts begann ein Wissenschaftler namens Thorndyke, das Lernen systematisch zu erforschen. Das machte er mit seiner hierfür entwickelten Puzzle-Box. Es handelte sich dabei um einen kleinen Käfig mit einem Mechanismus, mit dem das eingesperrte Tier die Tür öffnen konnte. Thorndyke stellte eine Schüssel voll Futter vor den Käfig und sperrte eine hungrige Katze hinein. Die Katze begann natürlich sofort im Käfig herumzulaufen und versuchte, an das Futter zu kommen. Nach einiger Zeit kam sie dabei zufällig an diesen Mechanismus, der die Tür öffnete. Doch ehe sie sich über das heiß ersehnte Futter hermachen konnte, hatte Thorndyke sie schon wieder gepackt und erneut in die Puzzle-Box gesetzt. Wieder versuchte die Katze, sich aus dem Käfig zu befreien.

Man hätte vielleicht annehmen können, sie wüsste ja nun, wie das geht, weil sie ja schon einmal Erfolg hatte. Aber dem war nicht so. Sie brauchte auch beim zweiten Mal einige Zeit, um sich aus dem Käfig zu befreien. Allerdings gelang ihr die Flucht von Mal zu Mal schneller, bis Thorndyke sie schließlich hineinsetzte und die Katze augenblicklich wieder herauskam. Die Katze hat also gelernt, dass sie sich befreien konnte, wenn sie den Hebel betätigte.

Skinner baute diese Versuche weiter aus. In der nach ihm benannten Skinner-Box lernten die Tiere Hebel zu bedienen, um an Futter zu kommen. Hatten die Tiere erst einmal verstanden, wie sie sich das Futter verdienen konnten, wurden die Anforderungen an sie immer höher gesteckt. Durch dieses so genannte Formen und den Aufbau von Verhaltensketten (siehe S. 74) konnte man ihnen die kompliziertesten Dinge beibringen. In einem solchen Versuch lernte z.B. eine Ratte eine Leiter hochzuklettern, durch eine Röhre zu krabbeln, eine Wendeltreppe hochzulaufen, sich mit einem Seil ein Wägelchen herzuziehen, um damit auf das nächste Podest zu kommen, in einen Aufzug zu steigen und damit wieder hinunterzufahren, um schließlich an ihr Futter zu kommen. Das nennt man Lernen durch Versuch und Irrtum bzw. Lernen am Erfolg. Die Tiere lernen an den Folgen ihres Tuns.

Einige Zeit glaubten die Wissenschaftler, auf diese Weise könnte man Tieren alles beibringen. Dabei wäre es unwichtig, um welche Tierart und um welche Aufgabe es sich handelte. Dass dem nicht ganz so ist, wurde in einigen Versuchen eines Forscherehepaares gezeigt, die auch Tiere für Filmaufnahmen ausbildeten.

Für einen Werbefilm wollten sie einem Waschbären beibringen, Münzen in ein Sparschwein zu werfen. Mit Futterbelohnung wurden die einzelnen Schritte eingeübt. Das klappte auch zunächst ganz gut. Je weiter allerdings das Training voranschritt, desto weniger gern ließ der Waschbär die Münze ins Sparschwein fallen. Stattdessen rieb er die Münze zwischen seinen Pfoten. Obwohl er für dieses Verhalten nie belohnt worden war, nahm es immer mehr zu. Das ursprüngliche Projekt musste abgebrochen werden. Wahrscheinlich hat die Münze im Waschbären schon so sehr die Erwartung von Futter geweckt, dass er automatisch die entsprechenden Bewegungsmuster ausführte. Waschbären reiben nämlich ihr Futter mit den Vorderpfötchen.

Dieses Phänomen war kein Einzelfall. Ähnliches passierte mit Walen, die über Futterbelohnung lernen sollten, mit Bällen zu spielen. Sie verschluckten die Bälle mit fortschreitendem Training. Die Forscher nannten das Phänomen **»instinctive drift«**, was in etwa heißt, dass sich das konditionierte Verhalten zugunsten von angeborenem Verhalten verschiebt.

Warum das so ist, ist letztendlich noch nicht geklärt. Man tut aber gut daran, wenn man ein Tier ausbilden will, so viel wie möglich über sein normales Verhalten zu wissen. In manchen Punkten hat die Konditionierung eben ihre Grenzen und das Lernen der Tiere ist nicht ganz so einfach, wie anfangs zunächst angenommen wurde.

Auf einen Blick

- Die klassische Konditionierung ist das Lernen von Zusammenhängen. Ein ehemals für den Hund unbedeutender Reiz wird durch die Verbindung zu einem wichtigen Reiz ebenfalls von Bedeutung. Das Ganze geschieht unbewusst.
- Die instrumentelle Konditionierung bedeutet Lernen durch Versuch und Irrtum. Der Hund lernt bewusst an den Folgen seines Tuns.
- Beide Arten des Lernens spielen bei der Ausbildung unseres Hundes eine große Rolle. Jedoch lassen sich beide Arten in der Praxis nicht immer so deutlich trennen.

Assoziation

▸ Lernabläufe im Gehirn

Sowohl das klassische als auch das instrumentelle Konditionieren sind Formen assoziativen Lernens. Was bedeutet das? Eine Assoziation ist eine Verknüpfung. Es werden also im Gehirn bestimmte Verknüpfungen zwischen den einzelnen Nervenzellen hergestellt. Damit Sie sich das besser vorstellen können, sehen wir uns hier einmal kurz den Aufbau des Gehirns an. Das Gehirn ist eine Anhäufung von Nervenzellen und in verschiedene Bereiche unterteilt.

Mehr als 10 000 000 000 solcher Nervenzellen befinden sich im Gehirn! Jede einzelne bekommt Informationen von mehr als 50 000 anderen Nervenzellen.

Über elektrische und chemische Vorgänge werden Informationen verarbeitet und gespeichert.

Sind nun zwei dieser Zellbereiche zur selben Zeit aktiv, entsteht eine Verknüpfung (Assoziation) zwischen ihnen. Modellhaft kann man sagen, die Verbindungen, die zwischen ihnen bestehen, werden stärker ausgebaut.

An einem praktischen Beispiel wollen wir uns das mal genauer ansehen:

Jutta gibt ihrem Hund das Kommando »Sitz«. Was passiert nun im Gehirn des Hundes? Das akustische Signal, eben das Kommando »Sitz«, wird über die Ohren ins Gehirn geleitet. Das Gehirn steuert über die Nervenbahnen, die übers Rückenmark zu den Muskeln führen, den Vorgang des Hinsetzens. Gleichzeitig erfährt es über andere Nervenbahnen die Stellung der Hinterbeine. Im Gehirn sind also jetzt zwei verschiedene Bereiche gleichzeitig aktiv. Es entsteht zwischen diesen beiden Zentren eine Assoziation, die um so stabiler wird, je öfter diese beiden Zentren zusammen aktiv sind.

Wenn eine solche Assoziation besteht, genügt schon die Aktivierung des einen, in unserem Fall des akustischen Zentrums, um das andere automatisch zu aktivieren. Das heißt, der Hund

Jutta gibt Timmy das Kommando »Sitz«.

So wie Polly auf dem Foto sollte der Hund »Bei Fuß« gehen: mit viel Spaß und voll Vertrauen.

kann dann fast gar nicht anders, als sich hinzusetzen.

Ein gutes Beispiel für das Aufbauen von Assoziationen, was fast jeder schon am eigenen Leib erfahren hat, ist das Autofahren. Anfangs muss man über alles nachdenken. Ich weiß noch, wie ich bei meiner Nachtfahrt in der Fahrschule fast überfordert war, als mir in der Kurve ein Auto entgegen kam. An was man da alles denken muss: bremsen, zurückschalten, lenken und Fernlicht ausschalten! Heute kann ich darüber nur noch lachen. Denn nach einiger Zeit macht man das alles automatisch.

Die Verknüpfungen im Gehirn sorgen dafür, dass man gar nicht mehr darüber nachdenken muss. Bis es so weit ist, dauert es allerdings einige Zeit. Leider habe ich nicht mitgezählt, wie lange es bei mir dauerte, bis ich über die einzelnen Handgriffe beim Autofahren nicht mehr nachdenken musste.

Man kann jedoch davon ausgehen, dass man einen Befehl mit einem Hund 3000 bis 5000-mal wiederholen müsste, bis er ihn wirklich kann, bis also eine Verknüpfung im Gehirn hergestellt ist.

Sehen wir uns jetzt aber einmal kurz die Praxis an: Wie sieht es denn aus in der Hundeausbildung? Nehmen wir als Beispiel das Bei-Fuß-Gehen. Lernt man es nicht normalerweise folgendermaßen: Wenn der Hund vorläuft, gibt man das Kommando »Bei Fuß « mit einem mehr oder weniger festen Ruck an der Leine. Wann also hört der Hund das Kommando? Was wird in diesem Fall also verknüpft? Richtig, nicht das schöne Neben-dem-Hundeführer-Hergehen, sondern das Vorlaufen wird mit »Bei Fuß« verknüpft! Und noch etwas anderes wird verknüpft: nämlich das Kommando mit dem Ruck an der Leine, also den Schmerzen am Hals. Deswegen zuckte der Hund, den ich in der Einleitung erwähnte, beim Hören des Kommandos so zusammen.

Dass diese Form der Ausbildung dennoch funktioniert, liegt daran, dass der Hund natürlich die Schmerzen zu meiden versucht. Das Kommando ist für einen so ausgebildeten Hund ein Warnsignal: Wenn er dem Leinenruck entgehen möchte, tut er gut daran, neben seinem Hundeführer zu gehen. Dass ein solcher Hund ständig unter Stress steht und sich nicht so frei und freudig bewegt, wie wir es gerne hätten und wie Brigitte es uns hier mit ihrer Hündin Polly auf dem Foto zeigt, ist einleuchtend.

Ein nächstes Beispiel, was ich noch erwähnen möchte, ist das Rufen. Viele Leute haben Probleme, ihren Hund zu rufen. Wann aber wird das Kommando gegeben? Sie erahnen es natürlich schon: wenn der Hund wegläuft, wenn er irgendwo schnüffelt, zu einem anderen Hund hinläuft oder Ähnliches.

Der Hund verknüpft also genau das Falsche. Vielleicht sagen Sie jetzt auch: »Aber genau das sind doch die Situationen, in denen ich den Hund rufen können muss und in denen er auch gehorchen sollte! Ich muss ihn also rufen, wenn er wegläuft.« Damit haben Sie natürlich Recht, und wir werden im Laufe des Buches auch darauf hinarbeiten, dass Sie das tun können.

Rückrufkommando I

Mit unserer nächsten praktischen Übung wollen wir damit anfangen, ein neues Rückrufkommando aufzubauen. Überlegen Sie sich für das Rufen Ihres Hundes ein neues Wort, eines, das Ihr Hund noch nicht kennt. Es kann auch ein Pfiff sein. Entweder pfeifen Sie selber oder benutzen eine Pfeife. Nur unbekannt für den Hund sollte es sein, damit wir nicht gegen eventuell schon bestehende Verknüpfungen arbeiten müssen. Damit im Gehirn die richtige Verknüpfung gebildet wird, geben Sie dieses Kommando immer nur, wenn Ihr Hund auf Sie zugelaufen kommt. Sie haben richtig verstanden: Sie rufen ihn anfangs nicht damit, sondern sagen es nur, wenn der Hund sowieso zu Ihnen kommt, z.B. wenn er sein Futter bekommt, wenn Sie die Leine holen, um spazieren zu gehen, usw. Nutzen Sie jede Gelegenheit, dieses Wort anzubringen. Denken Sie daran: Es geht darum, die Assoziation zwischen den zuständigen Gehirnnerven ganz stark und fest zu machen. Wir werden später auf dieser Übung aufbauen.

Der Kontext – In welchem Zusammenhang lernt der Hund?

Ein weiteres Thema, was gut anhand dieses Nervenmodells erklärt werden kann, ist der Kontext. Hunde lernen kontextspezifisch. Was heißt nun das schon wieder? Wir hatten vorhin das Beispiel mit dem Kommando »Sitz«. Dieses Beispiel war nicht ganz vollständig. Wir sind davon ausgegangen, dass der Hund als Signal nur das Kommando »Sitz« erhält. Das wäre aber nur möglich, wenn wir den Hund in einer absolut reizfreien Umgebung hätten. Dazu bräuchten wir aber Pawlows Labor. In Wirklichkeit bekommt der Hund zur selben Zeit, in der sich seine Hinterbeine anwinkeln und der Hintern den Boden berührt, noch viel mehr Eindrücke, als nur das Kommando »Sitz«: Es ist Samstagmittag, er befindet sich auf dem Hunde-Übungsplatz, Frauchen hat die alte Jeans an, die Sonne scheint, die Kirchturmuhr schlägt gerade zwölf, es sind noch andere Hunde da, usw.

Jack läuft auf sein Frauchen zu. Genau in dem Moment gibt sie das Rückrufkommando, damit er lernt, »wie dieses Verhalten heißt«.

Beim nächsten Mal, wenn der Hintern den Boden berührt, ist es Samstagnachmittag, der Hund befindet sich auf dem Hunde-Übungsplatz, Frauchen hat die alte Jeans an, sie gibt das Kommando »Sitz«, es ist bewölkt, ein Schwarm Krähen fliegt durch die Luft, diesmal sind keine anderen Hunde da, usw.

Wieder ein anderes Mal ist Samstagvormittag, der Hund befindet sich auf dem Hunde-Übungsplatz, Frauchen hat ihre rote Hose an, sie gibt das Kommando »Sitz«, es nieselt leicht. Vom in der Nachbarschaft gastierenden Zirkus erklingt Musik, usw.

An diesem Beispiel werden zwei Dinge deutlich: Erstens braucht der Hund eine Weile, ehe er herausgefiltert hat, dass es das Wort »Sitz« ist, was bedeutet, dass der Hintern auf den Boden soll. Dafür ist es wichtig, dass wir, nachdem der Hund eine Idee von dem hat, was wir von ihm wollen, an immer wieder unterschiedlichen Orten, zu unterschiedlichen Zeiten und unter unterschiedlichen Bedingungen üben. Dadurch lernt der Hund, dass es das Kommando ist, auf das er achten muss. Außerdem lernt er zu generalisieren, d.h. ab einem bestimmten Punkt heißt dann »Sitz« wirklich immer »Sitz«, auch wenn wir uns mit dem Hund z.B. auf der Zugspitze befinden, wo wir noch nie mit ihm geübt haben. (Vorsicht: Unangenehme Erfahrungen generalisiert ein Hund unter Umständen nach einem einzigen Mal!)

Zweitens wird deutlich, was passiert, wenn wir eine weitere Komponente immer beibehalten – in unserem Beispiel oben ist es der Hundeplatz. In diesem Fall lernt der Hund: Wenn ich auf dem Hundeplatz bin und das Wort »Sitz« höre, geht mein Hintern auf den Boden. Diesem Phänomen begegnet man fast auf allen Hundeplätzen: Eben noch legt der Hund eine fehlerfreie Unterordnung hin, doch kaum hat er den Platz verlassen, scheint er alles vergessen zu haben: Er zieht seinen Hundeführer an der Leine hinter sich her und befolgt keine Kommandos mehr. In Wirklichkeit hat er nichts vergessen! Er hat es eben nur nicht gelernt, dass die Kommandos auch außerhalb des Platzes gelten.

Das ist dann natürlich eindeutig ein Mangel in der Ausbildung und dem Hundeführer zuzuschreiben. Aber wer wird dafür ausgeschimpft oder sogar mit mehr oder weniger starken Mitteln bestraft? Natürlich der Hund. Wir werden im Folgenden noch sehen, dass es leider allzu oft ist, dass der Hund für unsere Fehler bestraft wird. Und leider ist es genau das, was man immer noch in den meisten Hundeschulen beigebracht bekommt.

▸ Assoziationszeit – Wie schnell muss ich reagieren?

Im Zusammenhang mit dem Verknüpfen spielt die Assoziationszeit eine wichtige Rolle. Damit ist die Zeit zwischen zwei Ereignissen gemeint, damit diese noch verknüpft werden können. Diese Zeit sollte nicht länger als eine halbe Sekunde sein! Oft liest man auch von zwei bis drei Sekunden. Das trifft aber nur für Laborbedingungen zu, wenn keine zusätzlichen Reize vorhanden sind. Außerdem brauchen wir auch immer erst noch etwas Zeit, das Verhalten des Hundes zu sehen und wahrzunehmen, und Zeit, auf das Verhalten zu reagieren. So bleibt am Ende nicht mehr als höchstens eine halbe Sekunde.

Man kann sich das wieder gut an unserem Modell vorstellen: Eine Verknüpfung kann nur stattfinden, während die betreffenden Gehirnabschnitte aktiv sind. Das sind sie aber eben nur für kurze Zeit. Wenn diese Zeit verpasst wird, kann keine Verknüpfung mehr stattfinden. Diese Tatsache spielt eine große Rolle bei der Anwendung von Lob oder Strafe in der Ausbildung.

Straft man z.B. einen Hund, wenn man nach Hause kommt und sieht, dass er etwas angestellt hat, kann er das nicht verstehen! Er verknüpft die Strafe dann unter Umständen damit, dass er zu Ihnen kommt. Natürlich duckt er sich dann, klemmt den Schwanz ein und legt die Ohren an, als hätte er das berühmte schlechte Gewissen. Das hat er aber nicht. Er hat einfach nur Angst und zeigt die für ihn in dieser Situation angebrachten Beschwichtigungsgesten. Das sollten Sie möglichst akzeptieren. Wenn Sie ihn nämlich dann noch ausschimpfen, ist das für den Hund völlig unverständlich.

Lobt einer seinen Hund, weil dieser sich ordentlich hingelegt hat, in dem Moment, wo der Hund wieder aufsteht, weil er erst dann das Leckerchen aus der Tasche gekramt hat, so hat er leider das Aufstehen belohnt. Passiert das öfter, wundert sich dieser Jemand vielleicht, warum sein Hund nicht gerne liegt, dabei hat er es ihm genauso beigebracht. Nicht das Liegen, sondern das Aufstehen wurde belohnt.

Unsere Aufgabe als Hundeführer ist es also, uns im Timing zu üben. Wir müssen lernen, schnell zu sein, schnell ein bestimmtes Verhalten des Hundes zu erkennen und schnell darauf zu reagieren. Mit der folgenden praktischen Übung können Sie das trainieren.

Hier beim Klickerspiel gelingt es Karl-Hans, Kilian nur mit Hilfe des Klickers klarzumachen, durch den Tunnel zu gehen ... eine lustige, aber auch sehr lehrreiche Möglichkeit, erst einmal ohne Hund Bekanntschaft mit dem Klicker zu machen.

Klickerspiel

Um dieses Timing und die Schnelligkeit erst einmal etwas zu üben, brauchen wir gar nicht unseren Hund, sondern nur einige menschliche Gleichgesinnte und den Klicker. Im Folgenden beschreibe ich Ihnen das von der amerikanischen Tiertrainerin Karen Pryor entwickelte Klickerspiel: Einer Ihrer Mitspieler wird erst mal vor die Tür geschickt. Er darf den Hund spielen. Die anderen denken sich inzwischen eine Aufgabe für ihn aus. Sie können z.B. damit anfangen, dass er sich auf einen bestimmten Stuhl setzen soll. Dann wird der »Hund« wieder hereingerufen. Ein Klick bedeutet, dass er das Richtige macht. Ansonsten wird nicht gesprochen oder sonst irgendeine Hilfestellung gegeben. Aber jede richtige Bewegung in die gewünschte Richtung muss mit einem Klick »eingefangen« werden. Dazu muss derjenige, der den Klicker bedient, schnell sein. Denn nur ein Bruchteil einer Sekunde zu langsam und der »Hund« bewegt sich schon in die falsche Richtung.

Diese Übung ist für alle Beteiligten sinnvoll: Derjenige, der den Klicker bedient, übt sein Timing; derjenige, der den Hund spielt, erfährt, wie es dem Hund in manchen Situationen ergeht und diejenigen, die zusehen, bekommen ein Gefühl für das Timing und entwickeln vielleicht Ideen, wie sie es anders machen würden. Es sollte jeder mal jede Position durchgemacht haben. Sie werden feststellen, dass Sie mit der Zeit immer schwierigere Aufgaben stellen können. Man kann dem »Hund« bei gutem Timing, nur mit dem Klicker als Kommunikationsmittel, scheinbar unlösbare Aufgaben stellen. Fragen Sie Ihren zweibeinigen Hund nach jeder Runde, wie er sich gefühlt hat. Das kann Ihnen wichtige Hinweise geben, die Ihnen im Folgenden noch sehr nützlich sein werden.

Das Ballspielen ist eine schöne Möglichkeit, Ihr Timing und den Umgang mit dem Klicker zu schulen.

Ballspiel mit dem Hund I

Nachdem Sie Ihr Timing mit Freunden jetzt einigermaßen geübt haben, können Sie mal den ersten Versuch mit Ihrem Hund wagen. Keine Angst: Mehr als schief gehen kann es nicht. Deshalb habe ich auch das Ballspielen als erste Übung gewählt. Das schöne am Klickertraining ist auch, dass man eigentlich nichts falsch machen kann. Schlimmstenfalls bringen wir dem Hund was anderes bei, als wir eigentlich vorhaben. Aber das lässt sich wieder ändern. Nehmen Sie sich also Ihren Hund, einen Fußball, gute Laune, Klicker und Leckerchen. Geben Sie Ihrem Hund jedes Mal einen Klick und ein Leckerchen, wenn er mit Schnauze oder Pfoten den Ball berührt. Schauen Sie einfach mal, was passiert: Ist Ihr Timing schon so gut, dass Sie dem Hund klar machen können, was Sie von ihm wollen? Wohlgemerkt: Nur mit Klicker und Leckerchen! Jede andere Hilfe ist gepfuscht! Sollte es noch nicht so richtig klappen, ist es nicht so schlimm. Entweder können Sie einfach weiter experimentieren oder Sie versuchen es nach dem Kapitel übers Formen noch einmal. Auf jeden Fall sollen Sie es als Spiel sehen und Sie und Ihr Hund sollten mit Spaß bei der Sache sein.

Bildung von Verknüpfungen

Was der Hund gerade in einem bestimmten Augenblick verknüpft, kann man meistens nicht vorhersagen. Das hängt zu einem großen Teil auch davon ab, wie der Hund seine Umgebung wahrnimmt. Trotzdem ist das ein ganz wichtiger Aspekt in der Hundeausbildung.

So wird der Hund eher unsere Körpersignale mit einem bestimmten Verhalten verknüpfen als unsere Worte. Aber auch welches Körpersignal es ist, auf das der Hund achtet, ist oft schwer zu bestimmen. Oft meint man z.B. beim SITZ, es wäre der erhobene Zeigefinger, der dem Hund das Signal gibt, und in Wirklichkeit sind es vielleicht die leicht einknickenden Knie, die dem Hund als Signal dienen.

Ganz wichtig wird dieser Aspekt auch bei für den Hund sehr unangenehmen Dingen. Was verknüpft er z.B. in dem Moment, in dem er schmerzhaft eine Strafe zu spüren bekommt? Vielleicht das Kind, das er in dem Moment sieht oder das er in dem Moment schreien hört? Wenn dann das nächste Mal ein Kind in seiner Nähe schreit, kann es sein, dass er sich wehren wird, um nicht noch mal eine solche unangenehme Erfahrung zu machen. Dann ist das Entsetzen natürlich groß. Dabei handelt der Hund aus seiner Sicht ganz normal.

Auch in furchteinflößenden Situationen spielt es eine große Rolle, welche Assoziation der Hund gerade macht. Ein Beispiel: Sie gehen mit Ihrem Hund an der Straße entlang. Plötzlich hat eines der vorbeifahrenden Autos eine Fehlzündung. Es gibt einen lauten Knall, der den Hund sehr erschreckt. Wahrscheinlich wird er den Knall aber nicht mit dem Auto verbinden, denn er hat schon unzählige Male Autos erlebt, die eben nicht knallen. Aber genau in dem Moment als das passierte, bekam er vielleicht einen starken Geruch in die Nase, nehmen wir einmal an von einem Frisörsalon. Beim nächsten Mal wird der Hund in Panik wegzurennen versuchen, wenn er einen Frisörsalon riecht, und wir haben nicht einmal eine Idee davon, weshalb er dieses Verhalten zeigt. Vielleicht finden wir noch heraus, dass es der Frisörsalon ist, vor dem der Hund Angst hat. Aber warum, lässt sich wohl nur in den seltensten Fällen rekonstruieren. Da ist eben im Gehirn des Tieres eine Verknüpfung gebildet worden, von der wir keine Ahnung haben.

Daher ist die Sache mit den Verknüpfungen eine ganz wichtige, und jeder Hundehalter sollte im Kopf haben, was es damit auf sich hat. Denn die Abläufe im Gehirn spielen sowohl bei der Ausbildung als auch im täglichen Umgang mit dem Hund eine Rolle.

Auf einen Blick

- Sind verschiedene Gehirnbereiche zusammen aktiv, entsteht zwischen ihnen eine Verknüpfung (= Assoziation).
- Die Assoziationszeit beträgt nur eine halbe Sekunde, d.h. in dieser Zeit müssen Sie auf das Verhalten Ihres Hundes reagieren.
- Wenn der Hund ein Kommando lernen soll, muss es in dem Moment gegeben werden, in dem er das Verhalten auch zeigt.
- Hunde lernen kontextspezifisch. Das bedeutet für Sie, dass Sie alle Übungen an unterschiedlichen Orten und unter unterschiedlichen Bedingungen trainieren sollten, damit der Hund auch wirklich lernt, was Sie von ihm wollen.
- Man kann nicht genau vorhersagen, welche Verknüpfungen sich in den unterschiedlichen Augenblicken im Gehirn des Hundes bilden.

Wir können nie vorhersagen, was der Hund gerade mit der Strafe verknüpft. Es könnte auch der Anblick eines Kindes sein.

Motivation

▸ Mein Hund arbeitet mit

Oft ist es schwer, Lernen von Motivation zu unterscheiden. Führt unser Hund einen Befehl nicht aus, weil er ihn noch nicht gelernt hat oder weil er nicht ausreichend motiviert ist?

In vielen Köpfen herrscht auch noch die Meinung, dass, wenn der Hund nicht gehorcht, der dazugehörige Mensch nicht der Chef, also nicht dominant ist. Vergessen Sie das aber ruhig! Kommandos befolgen ist eine Verständigungs- und Motivationssache und hat nichts mit dem so sehr in aller Munde befindlichen Wort Dominanz zu tun. Dazu will ich Ihnen ein Beispiel geben: Meine kleine Tochter Chiara ist noch keine drei Jahre alt. Bei ihr kann man absolut nicht davon sprechen, dass sie dominant ist. Sie hat aber schon viel bei der Ausbildung der Hunde zugeschaut. Mit den Jackentaschen voller Leckerchen macht sie dann nach, was sie beobachtet hat. Unser Hund Fratz ist für eine Futterbelohnung immer bereit, etwas zu machen. Er ist also motiviert. Chiara gibt dem Hund Signale; und der führt sie aus, wenn er an die Leckerchen möchte, vorausgesetzt, er versteht sie auch. Das ist nicht immer der Fall. Denn die Kommandos klingen bei einem Kind, das ja selbst erst gerade die Sprache lernt, natürlich ganz anders, als er sie sonst gewohnt ist. Aber mit der Dominanz hat das nichts zu tun. Außer der Verständigung muss nur die Motivation noch stimmen, damit der Hund Kommandos befolgt, vorausgesetzt er hat auch gelernt, was von ihm erwartet wird. Wenn die Motivation nicht mehr da ist, in diesem Fall Chiaras Taschen also leer sind, beachtet Fratz das Kind auch nicht mehr. Wäre Chiara dominant, hätte sie in diesem Fall eher noch die Aufmerksamkeit des Hundes. Das ist aber auch alles.

In der Hinsicht bestehen bei den meisten Hundebesitzern noch völlig falsche Vorstellungen, worauf wir später noch ausführlicher eingehen werden.

Chiara legt den Hund nicht über Dominanz ins »Platz«, sondern indem sie ihn motiviert.

Stimmt die Motivation, kommt der Hund auch gern angelaufen, wenn wir ihn rufen.

Sehen wir jetzt jedoch die Motivation einmal genauer an. Wenn wir versuchen würden, Motivation zu definieren, könnten wir sagen, es ist der Wunsch eines Lebewesens, ein bestimmtes Ziel zu erreichen. Das kann zwei Ursachen haben, nämlich erstens, dass dem Lebewesen etwas fehlt – jemand, der Hunger hat, ist motiviert, für was Essbares zu arbeiten – oder zweitens, dass eine bestimmte Sache von sich aus so viel Anreiz bietet, dass sie für das Lebewesen begehrenswert ist. Manche Naschereien haben wir z.B. gern, auch wenn wir längst satt sind. In dem ersten Fall wird in diesem Zusammenhang im englischsprachigen Raum noch von Trieben gesprochen. Dem Organismus fehlt etwas, z.B. Futter, Wasser, Sozialkontakt, usw., und er versucht das dadurch in seinem Körper entstandene Ungleichgewicht wieder auszugleichen.

Jedoch ist die Ansicht längst überholt, dass sämtliches Verhalten triebgesteuert ist, wie es früher noch angenommen wurde. Aus dieser Zeit existieren noch Begriffe wie Spieltrieb, Wehrtrieb oder Schutztrieb. Leider halten sich solche Begriffe hartnäckig in der Hundeausbildung. Nach wie vor hört man sie allerorts, obwohl sie längst überholt sind. Schutztrieb ist in der Tat nichts anderes als eine genetisch vorgegebene Umweltunsicherheit. Würde sich das endlich herumsprechen, ginge es wohl vielen Hunden besser, die heute noch von ihren ehrgeizigen Besitzern zum Schutzdienst gezwungen werden, weil diese glauben, damit wer weiß was für mutige Hunde auszubilden.

Aber nun zurück zum Thema:

Lernen und Motivation spielen eine Rolle, will man einem Tier ein bestimmtes Verhalten antrainieren. Wir haben schon gehört, dass das Lernen durch Verknüpfungen im Gehirn stattfindet. Grundsätzlich könnten wir unserem Hund also das Kommando »Sitz« beibringen, indem wir das Wort immer dann sagen würden, wenn der Hund gerade im Begriff ist, sich zu setzen. Ohne den Hund auf irgendeine Weise zu beeinflussen, würde er das Kommando so lernen. Da eine solche Verknüpfung aber erst mit zahlreichen Wiederholungen gefestigt wird (ca. 3000mal), würde es bei manchen Verhaltensweisen wohl ein Hundeleben lang dauern, sie dem Hund beizubringen. Denn sitz ist noch relativ einfach zu lernen. Aber stellen Sie sich andere Sachen vor, die der Hund nicht so oft von sich aus zeigt, wie z.B. das Bei-Fuß-Gehen. Um auch ein solches Verhalten oft genug provozieren zu können, um eine Verknüpfung herzustellen, muss man den Hund motivieren, mitzumachen. Gute Motivationsmittel sind Lob und Strafe.

▸ Lob und Strafe

Jetzt kommen zwei ganz wichtige Sätze:

Ein Lob – oder besser gesagt positiver Verstärker – erhöht die Wahrscheinlichkeit, dass ein bestimmtes Verhalten in der Zukunft auftritt. Es ist etwas für das Tier Angenehmes. (Anstelle von Lob wird hier von positivem Verstärker gesprochen, weil damit genau definiert ist, dass ein bestimmtes Verhalten daraufhin öfter gezeigt wird. Ein Lob bedeutet nicht unbedingt, dass ein Verhalten, auf das es folgt, wahrscheinlich öfter gezeigt wird. Wenn dem aber so ist, ist es ein positiver Verstärker.)

Eine Strafe – oder besser gesagt ein negativer Verstärker – verringert die Wahrscheinlichkeit, dass eine bestimmte Verhaltensweise in der Zukunft auftritt. Es ist etwas für das Tier Unangenehmes. (Auch hier ist das Wort negativer Verstärker genau definiert. Es muss wirklich die Wahrscheinlichkeit des Verhaltens abnehmen. Leider wird das Wort Strafe oft viel zu emotional gesehen. Es bedeutet zwar ebenso wie negativer Verstärker etwas Unangenehmes, aber oft strafen die Hundehalter ihren Hund für ein bestimmtes Verhalten schon Jahre lang, ohne dass dieses jedoch weniger wird. Es handelt sich also in dem Fall nicht um einen negativen Verstärker für das jeweilige Verhalten. Wenn Sie im Folgenden das Wort Strafe lesen, meine ich das damit, was rein umgangssprachlich darunter verstanden wird. Ich spreche vom negativen Verstärker, wenn die Wahrscheinlichkeit, dass ein bestimmtes Verhalten in Zukunft auftritt, verringert wird.)

Die Art der Verstärkung bestimmt also jetzt, ob ein Verhalten zu- oder abnimmt.

Wenn ich ein bestimmtes Verhalten haben möchte, gibt es zwei Möglichkeiten:

1. Etwas für das Tier Angenehmes wird zugefügt oder
2. Etwas für das Tier Unangenehmes wird entfernt.

(▸ Anmerkung für diejenigen, die sich schon mit diesem Thema beschäftigt haben, bzw. es noch ausführlicher tun werden: Teilweise finden Sie in der Literatur für die beiden oben genannten Beispiele die Begriffe positive und negative Verstärkung. Lassen Sie sich bitte nicht verwirren, sondern lesen Sie genau nach, was jeweils darunter verstanden wird. Inzwischen wurden und werden diese Dinge nämlich ständig weiter diskutiert.)

In beiden Fällen erreichen wir eine positive Verstärkung. Im Gehirn des Hundes entstehen dabei bestimmte Gefühle: Im ersten Fall ist das Freude, im zweiten Erleichterung. Vielleicht wundern Sie sich jetzt, dass in einem scheinbar so maschinellen Funktionieren wie der Lerntheorie von Gefühlen gesprochen wird. Das sind aber Tatsachen, die aus der Hirnforschung kommen. Inzwischen weiß man weitestgehend, welche Areale im Gehirn für welche Gefühle zuständig sind. Ob die Hunde diese Dinge letztendlich genauso wahrnehmen wie wir, kann ich nicht sagen. Aber es werden dieselben Neurotransmitter, also Botenstoffe, ausgeschüttet, wie beim Menschen. Und an dem Verhalten des Hundes lässt sich auch feststellen, dass es für den Hund angenehm ist, dass es sich für ihn also lohnt, ein bestimmtes Verhalten zu zeigen, wenn es positiv verstärkt wird.

Dasselbe gilt entsprechend, will man ein Verhalten weniger häufig haben. Man erreicht das, wenn man

1. etwas für den Hund Unangenehmes zufügt oder
2. etwas für den Hund Angenehmes als Konsequenz auf ein bestimmtes Verhalten entfernt.

In diesem Fall handelt es sich um negative Verstärker. (Anmerkung: In der älteren Literatur wird in diesem Fall von positiver und negativer Strafe gesprochen.)

Es entstehen im ersten Fall die Gefühle Angst und Panik, im zweiten Enttäuschung und Frust. Das sind Dinge, die ein Hund – oder generell ein Lebewesen – zu vermeiden versucht. Das vorhergehende Verhalten wird also negativ verstärkt. Es wird weniger häufig auftreten.

Man kann sich die Motivation als eine Skala vorstellen. Links vom Nullpunkt haben wir die negative Verstärkung (»Strafe«), rechts davon die positive Verstärkung (»Lob«).

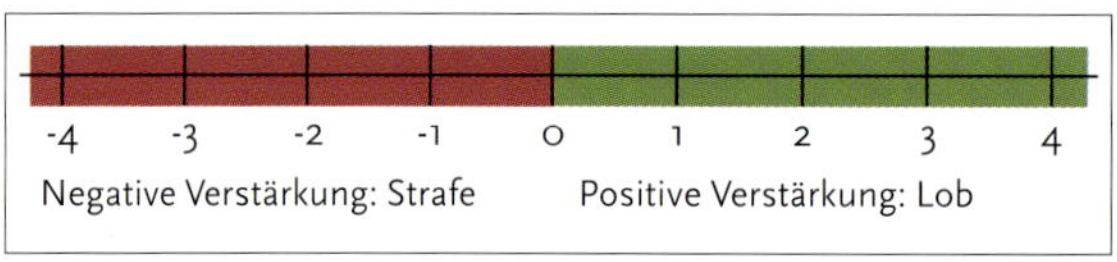

Motivationsskala: Je weiter wir auf dieser Skala nach rechts bzw. nach links gehen, desto stärker ist der Hund motiviert. Die Entfernung vom Nullpunkt gibt die Stärke der Motivation an, ein bestimmtes Verhalten zu zeigen oder eben nicht zu zeigen.

An folgendem Beispiel will ich erklären, was das für die Praxis bedeutet:

Ein Hund hat gelernt, dass er ein Leckerchen bekommt, wenn er sich auf das Kommando »Sitz« hinsetzt. Das ist positive Verstärkung. Etwas Angenehmes, nämlich das Leckerchen, wird hinzugefügt.

Positive Verstärkung für den Hund ist es auch, wenn etwas Unangenehmes entfernt wird. Der Hund hat z. B. gelernt, dass »Sitz« bedeutet, dass er mit der Leine nach oben gezogen und sein Hinterteil nach unten gedrückt wird. Also setzt er sich hin und der Zug am Hals und der Druck auf sein Hinterteil lassen nach.

Negative Verstärkung ist das, was man landläufig unter Strafe versteht: Etwas Unangenehmes wird zugefügt. Der Hund setzt sich z.B. nicht hin auf das Kommando »Sitz« und wird dafür laut geschimpft. Die andere Möglichkeit ist, dass etwas Angenehmes als Konsequenz auf das gezeigte Verhalten weggenommen wird. Bleiben wir bei unserem Beispiel: Der Hund setzt sich auf das Kommando »Sitz« nicht hin, der Hundeführer dreht sich um und geht weg, entzieht also Sozialkontakt.

In der Natur geschieht normalerweise nichts umsonst. Sowohl positive als auch negative Verstärker sind gute Motivatoren, was das Zeigen bestimmter Verhaltensweisen angeht. Denn schließlich will sich ein Lebewesen das Leben so angenehm wie möglich machen und nur so unangenehm wie nötig.

Zeigt ein Hund ein bestimmtes Verhalten, wird er es wieder zeigen, wenn es sich für ihn gelohnt hat. Zum Beispiel lohnt es sich für viele Hunde, am Tisch zu betteln; denn Herrchen oder Frauchen gibt doch meistens was ab. Es lohnt sich unter Umständen auch, sich im Sommer, wenn es heiß ist, einen Schattenplatz zu suchen, weil es da besser auszuhalten ist. Auch dieses Verhalten wird dann positiv verstärkt.

Umgekehrt heißt das auch, dass bei jedem Verhalten, das der Hund immer wieder zeigt, irgendwo ein positiver Verstärker sein muss! Nehmen wir als Beispiel das Anspringen zur Begrüßung. Zuerst einmal muss man wissen,

Wenn der Hund einen Menschen immer wieder anspringt, auch wenn dieser sich scheinbar dagegen wehrt, muss er doch irgendwie positiv verstärkt werden für dieses Verhalten.

dass das für den Hund ein ganz normales Verhalten ist. Hunde begrüßen sich untereinander, indem sie einander die Mundwinkel lecken. Aus unserer Sicht ist das jedoch kein so wünschenswertes Verhalten. Vielleicht haben Sie daher auch schon oft versucht, es Ihrem Hund abzugewöhnen. Aber er zeigt es immer wieder. Wo ist also der positive Verstärker? Streicheln Sie ihn vielleicht doch hin und wieder, wenn er Sie anspringt, z.B. wenn Sie alte Sachen anhaben und das Anspringen Ihnen nichts aus macht? Vielleicht sind Sie aber auch konsequent und stoßen ihn jedes Mal weg oder versuchen sogar, ihm auf die Pfoten zu treten oder ein Knie in den Bauch zu stoßen, wie es so oft empfohlen wird. Jedoch auch das hilft nichts. Das Verhalten wird also positiv verstärkt. In der Tat ist es so, dass die meisten Hunde es als schönes Spiel empfinden, wenn ihre Besitzer versuchen, sie vom Anspringen abzuhalten. Auf jeden Fall aber haben sie in dem Moment Frauchens oder Herrchens volle Aufmerksamkeit. Und Aufmerksamkeit ist schon ein sehr guter positiver Verstärker.

Auf unserer Motivationsskala können wir uns das folgendermaßen vorstellen: Das Schimpfen liegt eher im negativen Bereich, die Aufmerksamkeit liegt aber deutlich im positiven. Wenn man das »verrechnet« kommt am Ende eine positive Verstärkung heraus.

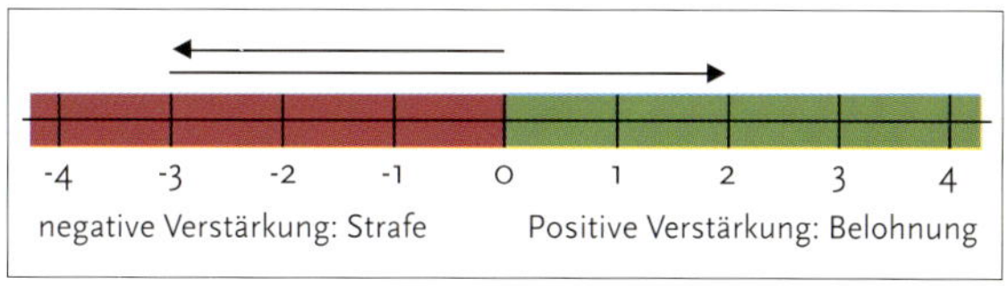

Motivationsskala: Der Hund »verrechnet« für ihn Angenehmes und Unangenehmes. Das Schimpfen ist eine negative Verstärkung für das Anspringen (z. B. – 3). Gleichzeitig ist es durch die Aufmerksamkeit aber eine positive Verstärkung (z. B. + 5). In diesem Fall überwiegt das Angenehme. Der Hund wird das Verhalten wieder zeigen.

Genauso kann man sich das Entstehen eines Verhaltens tatsächlich vorstellen. Es wird eine Kosten-Nutzen-Analyse aufgestellt. Das geschieht zwar nicht bewusst, aber eben durch die Abläufe im Gehirn.

Aus dem bisher Gelernten können Sie sich schon eine wirksame »Therapie« für dieses unerwünschte Verhalten herleiten. Wenn der Hund unsere Aufmerksamkeit als positiven Verstärker empfindet, entziehen wir sie ihm doch einfach. Keine Aufmerksamkeit bedeutet: nicht ansprechen, nicht anfassen und nicht angucken. Am besten drehen Sie sich weg. Sie entziehen ihm also die positive Verstärkung, Ihre Aufmerksamkeit wird entfernt. Das können Sie noch ergänzen durch positive Verstär-

Paula gelingt es, Sallys Schwanz gut wackeln zu lassen! Mal sehen, ob es ein anderer aus der Familie besser kann.

kung, wenn der Hund alle vier Füße auf dem Boden hat oder er sich sogar wohlerzogen hinsetzt, indem Sie sich ihm dann sofort wieder zuwenden, ihn loben und vielleicht auch noch ein Leckerchen geben. Sie werden sehen, wie schnell Sie Ihrem Hund damit das Anspringen abgewöhnen!

Prinzipiell sind positive und negative Verstärker rein theoretisch als Motivatoren gleich gut geeignet. Die Praxis sieht aber anders aus. Die Arbeit mit negativen Verstärkern hat nicht nur eine ganze Menge Nachteile, sie ist auch viel weniger effektiv.

In dem Kapitel über die Strafe werden wir genauer(!) darauf eingehen. Sie sollten bis dahin schon mal trainieren, mehr Augenmerk auf erwünschte Verhaltensweisen zu werfen und diese einfach wahrnehmen, um sie dann positiv verstärken zu können.

Es gibt so genannte primäre und sekundäre Verstärker. Ein **primärer positiver Verstärker** ist alles, was der Hund sowieso gerne mag. Da er ein Rudeltier ist und Gesellschaft braucht, ist also die Aufmerksamkeit ein primärer positiver Verstärker. Futter ist ein solcher Verstärker. Spielen und Sex gehören auch dazu. Dabei ist es aber individuell unterschiedlich, was man als positiven Verstärker empfindet. Der eine ist für Futter nicht zu begeistern, weil er sowieso gerade vollgefressen ist, der andere spielt nicht so gerne oder einer, der den ganzen Tag fünf Kinder um sich rumspringen hat, die ihm alle irgendwelche Tricks beibringen wollen, ist auch froh, wenn er mal seine Ruhe, d.h. keine Aufmerksamkeit hat.

Man tut gut daran, seinen Hund in dieser Hinsicht genau kennen zu lernen. Wann mag er was am liebsten?

Wenn Sie Spielen als primären positiven Verstärker benutzen wollen, ist es wichtig, dass Sie bei dem Spiel auch mal richtig aus sich rausgehen. Es soll dem Hund nämlich Spaß machen. Die meisten Menschen sind erfahrungsgemäß in dieser Hinsicht etwas steif und unbeweglich. Vielleicht lassen Sie sich mal beim Spiel mit Ihrem Hund filmen und beurteilen dann selbst, ob Sie an Stelle Ihres Hundes begeistert mit sich spielen würden.

Auch Streicheln kann für den Hund ein guter primärer Verstärker sein. Mit Absicht sage ich hier kann(!). So, wie viele Menschen ihre Hunde streicheln, ist es nämlich eher unangenehm für die Tiere. Beugt man sich nämlich über den Hund und tätschelt seinen Kopf, ist das für den Hund eher eine Bedrohung. Die Hunde lernen zwar mit der Zeit meist, dass wir mit dieser Geste nicht wirklich das meinen, was sie in ihrer Sprache bedeutet, aber angenehm finden sie diese Art der angeblichen Belohnung doch nicht. Ich vergleiche das immer mit den Küssen von manchen Omas oder Tanten, die es ja ach so gut mit den Kindern meinen. Vielleicht haben Sie das ja auch schon als Kind erlebt? Am liebsten würde man sich in dieser Situation aus dem Staub machen! Und so ähnlich geht es den Hunden. Wenn Sie Ihren Hund streicheln wollen, achten Sie also gut darauf, dass Sie ihn nicht unbeabsichtigt bedrohen. Beugen Sie sich nicht frontal über ihn, sondern drehen Sie sich etwas seitlich oder gehen Sie in die Knie. Tätscheln Sie den Hund auch nicht auf dem Kopf, sondern kraulen Sie von unten seinen Hals. Das mögen die meisten Hunde. In einer gut funktionierenden Partnerschaft zwischen Mensch und Hund wird man, wenn man aufmerksam ist, auch herausfinden, was dem Hund gefällt. Achten Sie auf die Körperhaltung des Hundes. Wenn Sie beim Streicheln eines der Stressanzeichen (siehe Seite 110) an Ihrem Hund feststellen, sollten Sie Ihre Art des Streichelns kritisch beurteilen und besser etwas anderes versuchen.

Machen Sie bitte auch nicht nach, was man vielerorts noch sieht, dass die Leute ihrem Hund – noch möglichst feste – auf die Brust klopfen. Das tut einfach weh und ist nicht angenehm.

Finden Sie heraus, was Ihr Hund an Berührungen mag, z.B. ein Kraulen am Hals, an den Ohren, am Bauch oder Ähnliches. Dann können Sie Streicheln auch wirklich als positiven Verstärker einsetzen.

Schwanzwackelspiel

Eine gute Übung für Sie zu lernen, was Ihrem Hund besonders viel Spaß macht, ist das Schwanzwackelspiel. Hierbei kann die ganze Familie mitspielen. Nacheinander bekommt jeder die Aufgabe, den Hund mit seinem Schwanz wackeln zu lassen. Das macht er natürlich umso mehr, je mehr er sich freut. Alles ist dabei erlaubt, seien es nun Spiele, Leckerchen, Herumtoben oder was auch immer. Sieger ist derjenige, bei dem der Hund am heftigsten mit dem Schwanz wedelt.

Wenn Sie dieses Spiel öfter spielen, kommen Ihnen vielleicht immer bessere Ideen. Sie werden auch feststellen, dass es durchaus nicht immer dieselben Dinge sein müssen, worüber sich der Hund am meisten freut.

Das ist also eine gute Möglichkeit, zu erfahren, was Ihrem Hund am meisten Spaß macht. Außer, dass dieses Spiel für alle sehr lustig sein kann, bekommen Sie dadurch gute Anregungen, was Sie beim Training als positive Verstärker benutzen können.

Nehmen wir jetzt einmal an, Ihr Hund freut sich am meisten, wenn Sie mit Ihm über den Boden kullern. Sie üben mit Ihrem Hund gerade das »Sitz Bleib« (siehe Seite 67). Wichtig ist ja, dass der Hund in der Sekunde belohnt wird, in der er das erwünschte Verhalten auch zeigt. Sie sind aber drei Meter von Ihrem Hund weg. Bei der Entfernung würde es Ihnen vielleicht noch gelingen, wenn Sie entsprechend sportlich sind, zu dem Tier hinzuhechten, damit Sie genau in der Sekunde mit ihm spielen können. Bei etwas größerer Entfernung wird das aber schon schwieriger. Um den Hund jetzt genau zur richtigen Zeit positiv verstärken zu können und trotzdem die Zeit zu haben, erst einmal dafür zu ihm hin zu gehen, bzw. ihn kommen zu lassen, sind ein unverzichtbares Werkzeug im Training die sekundären positiven Verstärker.

Ein **sekundärer positiver Verstärker** ist etwas, was ursprünglich keine Bedeutung für den Hund hat. Erst durch Verknüpfung mit einem primären positiven Verstärker erhält es seine positiv verstärkende Bedeutung. Für uns Menschen ist das Geld das beste Beispiel eines positiven sekundären Verstärkers. Ursprünglich hat Geld keine Bedeutung. Das sieht man an kleinen Kindern. Zeitweise eignen sich die Münzen zwar zum Spielen, aber ansonsten sind sie uninteressant. Das ändert sich, wenn die Kinder mal gelernt haben, dass man für Geld schöne Dinge haben kann. Das elektrische Schaukelpferd funktioniert nur, wenn man Geld einwirft. Für Geld bekommt man Schokolade oder schöne Spielsachen. So nach und nach wird also das Geld sehr bedeutend. Es ist nun ein sekundärer positiver Verstärker. Für manche Menschen ist dieser sekundäre positive Verstärker so wichtig, dass sie alles dafür tun.

Klicker sind ein sekundärer positiver Verstärker für Hunde.

Ein Lob, wie z.B. »Braver Hund«, wird für den Hund zu einem sekundären positiven Verstärker, indem es vorher oft mit einem Leckerchen oder Streicheleinheiten gepaart wird, damit der Hund die Verknüpfung herstellen kann. Das machen die meisten Hundehalter unbewusst. Die Worte, die für den Hund ursprünglich bedeutungslos waren, werden durch diese Verknüpfung zum positiven Verstärker. Erinnert Sie das noch an die klassische Konditionierung?

Der Klicker ist für unsere Hunde auch ein sekundärer positiver Verstärker, für den manche Hunde alles tun. In dem Kapitel über das klassische Konditionieren war es ja Ihre Aufgabe, den Klicker, der vorher keine Bedeutung für den Hund hatte, mit Futter zu paaren. Dadurch wurde im Gehirn des Hundes eine Verknüpfung hergestellt. Der Klicker ist nun ein sekundärer positiver Verstärker, was Ihnen in der Ausbildung des Hundes viele Vorteile bringt.

Eigenschaften des sekundären positiven Verstärkers

- Er sollte kurz sein, um ein Verhalten damit ganz punktuell einfangen zu können.
- Er sollte außer in dieser Funktion im Leben des Hundes nicht vorkommen, um ihn nicht zu verwirren.
- Er sollte für den Hundehalter praktisch sein in der Anwendung.

Es muss nicht unbedingt der Klicker als sekundärer Verstärker sein. Man kann alles Mögliche dazu verwenden. Es kann auch ein für den Hund sichtbares Zeichen sein oder eine Berührung, wobei die wieder nicht so gut geeignet ist, um auf Entfernung positiv zu verstärken.

Die in der oberen Checkliste genannten Eigenschaften machen den Klicker so geeignet zu diesem Zweck. Außerdem schult er hervorragend das Timing. Die menschliche Stimme ist viel zu alltäglich, als dass der Hund oder auch man selber so gut darauf achten würde.

Wie ich jedoch schon sagte: Im Prinzip kann alles Mögliche sekundärer positiver Verstärker sein, was einem hilft, die Zeit vom Verhalten bis zum eigentlichen, also primären positiven Verstärker zu überbrücken. Man muss es nur vorher entsprechend konditioniert haben.

Entsprechendes gilt auch für den negativen Verstärker. Ein primärer negativer Verstärker ist z.B. Schmerz. Ein sekundärer negativer Verstärker können z.B. bestimmte Wurfscheiben als Ausbildungshilfe sein, die erst durch entsprechende Konditionierung für den Hund eine negative Bedeutung bekommen.

Rückrufkommando II

Das neue Rückrufkommando haben Sie Ihrem Hund bis jetzt immer gegeben, wenn er sowieso zu Ihnen kam. Es konnte sich im Gehirn also die richtige Assoziation bilden: »Hierher« bedeutet, ich laufe schnell zu meinem Menschen.

Jetzt können Sie mal testen, ob die Assoziation schon stark genug ist: Geben Sie Ihrem Hund das Kommando, wenn er noch nicht auf dem Weg zu Ihnen ist. Achten Sie darauf, dass Sie das Kommando nur einmal(!) geben (siehe Seite 52)!

Diese Stufe des Lernens sollten Sie an einem Ort durchführen, an dem Ihr Hund nicht abgelenkt ist. Kommt er auf das Kommando hin zu Ihnen, ist eine entsprechende Verknüpfung im Gehirn vorhanden, die es nun zu festigen gilt.

Wichtig ist, den Hund zu loben, während er das erwünschte Verhalten – in diesem Fall das Zu-Ihnen-Laufen – zeigt. Machen Sie das nämlich erst, wenn er bei Ihnen ist, springt er Sie vielleicht an oder setzt sich hin und wird dann dafür belohnt. Wir wollen aber schon das Kommen belohnen. Hier kommt jetzt der Klicker als sekundärer positiver Verstärker ins Spiel.

Filou schnüffelt. In dem Moment bekommt er das Rückrufkommando. Er befolgt es und sollte genau in diesem Moment positiv verstärkt werden.

Damit können Sie den Hund im Laufen positiv verstärken. Denn der Klick heißt: »Das ist genau was ich von dir will. Komm dir deine Belohnung abholen!« Ist der Hund dann bei Ihnen, bekommt er seinen primären Verstärker, also Leckerchen, ein Spiel mit Ihnen oder was auch immer.

Widerstehen Sie bitte an dieser Stelle noch der Versuchung, Ihr neues Rückrufkommando in Situationen zu verwenden, in denen es unwahrscheinlich ist, dass der Hund auch wirklich kommt. Sonst sind Sie schnell da, wo Sie mit Ihrem alten Kommando auch waren: Wenn es darauf ankommt, folgt der Hund natürlich nicht! Wir wollen hier aber ein Kommando aufbauen, das auch dann noch funktioniert, wenn der Hund sehr abgelenkt ist. Aber bis dahin ist es noch ein gutes Stückchen Arbeit. Also nur Geduld!

▸ Premack-Prinzip – Wie kann ich noch loben?

Es gibt das so genannte **Premack-Prinzip**. Der Wissenschaftler, nach dem es benannt ist, hat herausgefunden, dass ein Verhalten A als positiver Verstärker für ein anderes Verhalten B dienen kann, wenn die Wahrscheinlichkeit, dass Verhalten A auftritt, höher ist als die des Verhaltens B.

Einfacher ausgedrückt bedeutet das, dass man das Verhalten seines Hundes mit allem positiv verstärken kann, was der Hund in dem Moment lieber machen würde. Man braucht also gar nicht immer ein Leckerchen zu verteilen.

Beim Agility, einem Hindernissport für Hunde, haben die meisten Hunde Vorlieben für bestimmte Hindernisse. Die Röhre wird z.B. von den meisten Hunden gerne angegangen. Für die Ausbildung bedeutet das, das man die Röhre hinter ein Hindernis postiert, das der Hund nicht so gerne geht, sagen wir mal die Wippe. Dadurch wird in diesem Fall die Röhre der positive Verstärker für das Laufen über die Wippe.

Auch im täglichen Leben kann man dieses Prinzip oft anwenden. Ruft man den Hund z.B. aus einem Spiel mit Artgenossen ab und er folgt, wird ihm die schönste Belohnung sein, dass er wieder dahin zurückdarf. Das Leckerchen ist dagegen in dem Moment völlig uninteressant. Dieses Wieder-Laufen-Lassen nach dem Rufen sollte man also ruhig oft in der Ausbildung verwenden. Nicht nur, weil es ein so guter positiver Verstärker ist, sondern auch, damit der Hund das Rufen nicht damit verknüpft, dass dann das Spiel mit den Kumpels immer zu Ende ist. Dann könnte es nämlich sein, dass er irgendwann nur noch kommt, wenn er genug gespielt hat. Und das kann lange dauern.

Lernen und Motivation

Yerkes und Dodson, die beiden Psychologen, nach denen dieses Gesetz benannt ist, haben herausgefunden, dass ein umgekehrtes Verhältnis zwischen der Schwierigkeit einer Aufgabe und dem Motivationslevel besteht: Je schwieriger eine Aufgabe ist, desto niedriger ist der optimale Level an Motivation. Für die Praxis heißt das also, dass man den Hund für schwere Aufgaben nicht so stark motivieren darf. Warum das so ist, ist noch nicht genau geklärt. Wahrscheinlich hängt es damit zusammen, dass man, wenn man zu stark motiviert ist, zu aufgeregt ist und sich nur noch auf einige wenige Dinge konzentrieren kann.

(Ich rede hier von »man«. Damit wird deutlich, dass dieses Phänomen nicht nur für Hunde gilt, sondern auch für uns Menschen und für alle anderen Tierarten. Das trifft übrigens für die ganze Lerntheorie zu. Denn das Lernen funktioniert bei allen mehr oder weniger gleich.)

Für kompliziertere Aufgaben ist es also nicht von Vorteil, einen übermotivierten Hund zu haben. Das ist vor allem ein Thema für die Ausbildung von sehr leicht zu motivierenden Hunden, wie z.B. den Border Collies. Oft ist es sinnvoller, diese Hunde vor einer neuen Aufgabe nur so viel zu motivieren, dass sie mit ihrer Aufmerksamkeit bei einem sind. Schwierige Aufgaben lernen sie dann deutlich schneller. Ist die Aufgabe erst einmal gelernt, kann man ihre Ausführung durch mehr Motivation beschleunigen.

Das gilt allerdings nicht nur für so arbeitseifrige Hunde wie Border Collies. Vielen Hunden ginge es besser, wenn sie zum Lernen nicht erst so hochgepuscht würden. Denn dann brauchte man anschließend nicht so viel Druck, sie unter Kontrolle zu behalten, und das Lernen selbst erfolgte wesentlich schneller und effektiver.

Nach der Theorie noch einmal was Praktisches:

»Nein«-Kommando II

Wiederholen Sie noch einmal kurz das »Nein«-Kommando, wie Sie es bisher geübt haben. Wenn Ihr Hund ziemlich sicher das Leckerchen in Ihrer Hand liegen lässt auf das Kommando hin, ohne dass Sie die Hand schließen müssen, können Sie zum nächsten Schritt übergehen:

Seien Sie konzentriert und schnell! Sie stellen sich hin, lassen das Lecker-

Timmy versucht, trotz »Nein« das Leckerchen zu bekommen. Aber Michaela ist schneller und sorgt dafür, dass er keinen Erfolg hat.

Die Röhre mögen die meisten Hunde sehr gerne. Sie kann folglich die Belohnung für ein weniger beliebtes Hindernis sein.

chen neben sich fallen und geben das »Nein«-Kommando. Wenn Ihr Hund das befolgt, wird er von Ihnen dafür mit einem möglichst besseren Leckerchen positiv bestärkt.

Befolgt er es nicht, muss Ihr Fuß auf dem Leckerchen stehen, bevor der Hund es sich geschnappt hat. Sie erinnern sich: »Nein« bedeutet Misserfolg. Und da ist wieder Ihr Geschick und Ihre Schnelligkeit gefragt.

Üben Sie diese Stufe an vielen unterschiedlichen Plätzen, bis Ihr Hund das Leckerchen fast zu 100%-iger Sicherheit liegen lässt.

Dann schließen Sie die nächste Stufe an: In dem Moment, in dem Sie das »Nein«-Kommando geben, laufen Sie einige Schritte rückwärts. Sie können dann nicht mehr aufs Leckerchen treten, deshalb sollten Sie schon sicher sein, dass Ihr Hund es sich nicht doch noch nehmen will.

Jetzt lernt der Hund, dass es nicht nur Misserfolg bedeutet, wenn das Wort »Nein« erklingt, sondern, dass er auch noch zu Ihnen laufen soll, was sich in der Praxis ganz gut bewährt hat, weil man sich dann das Rufkommando gleich sparen kann. Natürlich wird er dann wieder ganz toll gelobt, wenn er bei Ihnen ist.

▸ Abwechslung

»Abwechslung ist das Salz des Lebens.« Das gilt auch für den Hund. Wenn Sie als Ausbilder kreativ sind, können Sie Ihrem Hund sehr viel Spaß verschaffen. Auch damit können Sie ihn motivieren. Wenn der Hund nämlich gelernt hat, dass bei Ihnen immer tolle, interessante neue Sachen passieren, wird er sich gerne immer nach Ihnen

orientieren. Wenn Sie Ihrem Hund allerdings keine Abwechslung bieten, er es mit Ihnen also ziemlich langweilig findet, dürfen Sie sich nicht wundern, wenn er sich selber anderweitig beschäftigt. Und das kann unter Umständen zu nicht gewünschten Verhaltensweisen führen. Üben Sie sich also darin, Ihrem Hund das Leben so abwechslungsreich und spannend wie möglich zu machen. Hier erhalten Sie dazu einige Anregungen:

Für den Hund ist es viel abwechslungsreicher, wenn Sie über den Tag verteilt mehrere kurze Übungssequenzen einlegen, als nur eine längere. Das hat auch noch den Vorteil, dass sich der Hund für eine kurze Zeit viel besser konzentrieren kann. Üben Sie nicht immer dieselben Sachen in derselben Reihenfolge, sondern seien Sie flexibel.

Legen Sie auch einmal eine reine Spielsession ein. Das bringt Sie eventuell auch auf neue Ideen für primäre positive Verstärker. Denn auch damit können und sollen Sie ja möglichst abwechslungsreich sein. Üben Sie auch immer an unterschiedlichen Orten. Wenn es auch für den Beginn einer neuen Übung für den Hund einfacher ist, das an dem gleichen Ort erst einmal zu festigen, ist es später durchaus spannend, auch an ganz ungewohnten Stellen zu üben. Bauen Sie z.B. bei Ihrem Spaziergang im Wald auch ruhig eine kleine Übungssequenz ein. Das hat außerdem noch den Nebeneffekt, dass Ihr Hund das, was Sie gerade üben, schneller verallgemeinert.

Verabreden Sie sich auch ruhig einmal mit anderen Hundebesitzern zum Spaziergang. Auch in dieser Situation

ist es eine gute Übung, von Zeit zu Zeit ein kurzes Training einzubauen und die Hunde nicht die ganze Zeit sich selber zu überlassen.

Bekommen Sie einen Blick dafür, wie viele Abwechslungsmöglichkeiten in Ihrer Umgebung vorkommen: Da liegt ein Baumstamm, über den man den Hund laufen lassen kann. Hier stehen zur Abtrennung einige Pfosten, die man gut zu einem Slalom nutzen kann. Überall gibt es Verstecke, wo man mal kurz vor dem Hund verschwinden kann. Dann können Sie auch einmal ein besonders gutes Leckerchen in einem Grasbüschel »finden« (weil Sie es zuvor unbemerkt dort deponiert haben!). Sie werden feststellen, wie Ihr Hund immer mehr nach Ihnen guckt. Auch wird der Hund durch die vielen Aufgaben, die Sie ihm stellen,selbstbewusster; vorausgesetzt, Sie stellen sie so, dass er sie auch bewältigen kann.

Gehen Sie z. B. auch einmal mit Ihrem Hund zusammen jagen, wenn er das sehr gerne macht. Mit Zusammen-Jagen-Gehen meine ich, dass Sie die Beute bestimmen, die auf dem Spaziergang gejagt wird. Das kann z. B. ein Spielzeug sein, dass besonders interessant wird, wenn es an einer Art Angel befestigt ist. Die können Sie sich mit einer langen Schnur an einem Stock gut selber bauen. Dann brauchen Sie dafür nur eine Schnur mit sich zu tragen. Den passenden Stock werden Sie wohl finden.

Für manche Hunde ist selbst ein Spielzeug ein langweiliges Jagdobjekt. Wenn Sie es mit einem solchen Kandidaten zu tun haben, dann lassen Sie ihn doch einen Teil seiner täglichen Futterration erjagen. Die können Sie in einem

verschließbaren Gefäß an dieser oben beschriebenen Reizangel befestigen.

Je mehr Sie dem Hund beibringen, desto mehr Möglichkeiten haben Sie auch, ihm Abwechslung zu bieten. So begegne ich z.B. immer wieder Menschen, die sagen: »Was soll mein Hund Kunststücke können?« Dabei sind auch einige Tricks eine gute Übung für den Hund, die ihn je nachdem körperlich und/oder geistig beschäftigen. Es gibt Hunde, die über hundert verschiedene Kommandos ausführen. Jetzt überlegen Sie einmal, was ein durchschnittlicher Hund so alles kann? »Sitz«, »Platz«, »Komm«, »Bei Fuß«, »Bleib«, »Aus« und das ist es auch schon so ziemlich. Was man da noch so alles üben könnte, um dem Hund das Leben abwechslungsreicher zu machen! Einige Anregungen hierzu erhalten Sie auf Seite 116.

Aber auch schon mit einfachen Gegenständen, wie Skateboard, Pappkarton oder in unserem Fall die Flyball-Maschine, kann man wahnsinnig viele Sachen machen. Haben Sie Phantasie!

So wird Ihr Hund einfallsreich

Das ist wieder eine Übung, die nicht nur Ihren Hund, sondern auch Sie in gleichem Maße schulen soll. Nehmen Sie sich also irgendeinen Gegenstand. Bewaffnen Sie sich mit Klicker und Leckerchen und machen Sie es sich in einiger Entfernung zu diesem Gegenstand bequem. Jetzt bekommt Ihr Hund einen Klick und ein Leckerchen für alles, was er mit diesem Teil macht. Zuerst wird es nur ein Angucken sein, dann wird der Hund das Ding vielleicht berühren, mit den Pfoten oder mit der Nase. Vielleicht schubst er es auch an, klettert darauf oder hinein. Lassen Sie sich einfach überraschen!

Für einen Hund, der, wie leider noch so oft üblich, mit Zwang ausgebildet ist, werden Sie etwas Geduld brauchen. Er hat ja nie gelernt, kreativ zu sein. Er lebte bisher eher nach dem Motto: Wer gar nichts macht, macht auch keine Fehler. Aber auch ein solcher Hund kann umlernen.

**Beim Kreativitätstraining lernt Fratz, was man alles mit dieser Flyball-Maschine machen kann:
Man kann oben hineingucken ...
man kann mit der Pfote auf die Taste drücken ...
und man kann sich darauf stellen.**

Legen Sie beim Spaziergang mit Freunden immer wieder Übungssequenzen ein, so wie diese 4 Teams auf dem Foto. Das macht allen viel mehr Spaß als eintöniges Üben auf dem Hundeplatz.

Haben Sie einfach Geduld. In ähnlicher Weise, wie Sie mit etwas Übung immer einfallsreicher werden, wird Ihr Hund auch immer experimentierfreudiger.

Zum Schluss noch eine Anmerkung zur Abwechslung: Alles in Maßen! Nehmen Sie wieder sich selber als Beispiel: Auch Sie lieben mit Sicherheit Abwechslung in Ihrem Berufsalltag. Wenn Ihr Chef aber jetzt auf die Idee kommt, Ihnen jeden Tag ein neues Büro zuzuteilen, wird Ihnen diese »Abwechslung« wohl ganz schnell zu viel werden. Daher seien Sie für Ihren Hund berechenbar unberechenbar! Zu viel des Guten bedeutet Stress. Beobachten Sie Ihren vierbeinigen Freund und achten Sie darauf, dass es ihm nicht zu viel wird!

Auf einen Blick

- Will man haben, dass der Hund mitarbeitet, muss er motiviert sein.
- Gehorsam hat nichts mit Dominanz zu tun, sondern mit Verständigung und Motivation.
- Lob (positiver Verstärker) und Strafe (negativer Verstärker) sind Motivationsmittel.
- Primäre positive Verstärker sind Sachen, die ein Hund von Natur aus gerne macht, wie fressen, trinken, bei vielen Rassen laufen, usw.
- Ein sekundärer positiver Verstärker ist etwas, was erst durch Verknüpfung mit einem primären positiven Verstärker für den Hund etwas Angenehmes wird, wie z. B. der Klicker.
- Sekundäre positive Verstärker sind für die Ausbildung immens wichtig, weil man oft nur dadurch genau zum richtigen Zeitpunkt belohnen kann.
- Schaffen Sie Abwechslung, aber seien Sie berechenbar unberechenbar.

Das Formen

Verhalten trainieren

Wenn Sie Ihrem Hund ein bestimmtes Verhalten beibringen wollen, haben Sie mehrere Möglichkeiten dazu:

Sie können ihn im normalen Tagesablauf einfach nur beobachten. Zeigt er dann das von Ihnen gewünschte Verhalten, geben Sie in genau dem Moment das entsprechende Kommando dazu und nach 3000 bis 5000 Wiederholungen hat der Hund das Kommando mit dem Verhalten verknüpft, so dass er das Verhalten auch zeigen wird, wenn Sie ihm das Kommando geben.

Für einfache Verhaltensweisen, wie »Sitz« und »Platz« ist das gar keine so schlechte Lösung. Wenn Sie den Hund zehn Mal am Tag dabei beobachten, wie er sich hinsetzt und das entsprechende Kommando dazu sagen, beherrscht Ihr Hund es in ca. einem Jahr. Und das, ohne dass Sie irgendetwas mit dem Hund gemacht haben. Wenn Sie ihn dann noch jedes Mal für das gewünschte Verhalten belohnen, wird er es öfter zeigen und Sie haben öfter die Gelegenheit, das Kommando anzubringen. Dann geht es noch schneller.

So unüblich, wie Sie jetzt vielleicht meinen, ist diese Art der Ausbildung gar nicht. Auf diese Art und Weise bringen viele Hundehalter Ihrem Hund bei, sein Geschäft auf Kommando zu erledigen. Wenn man jedes Mal, während der Hund sein Geschäft verrichtet z.B. »Beeil dich« sagt, hat man den Hund irgendwann so weit, dass man die Worte sagen kann und der Vierbeiner muss tatsächlich.

Allerdings macht der Hund nicht alles so oft, wie sich hinsetzen, sich hinlegen oder sein Geschäft verrichten. Manche Verhaltensweisen, die wir gerne von ihm hätten, wird er vielleicht von sich aus überhaupt nicht zeigen.

Wie also schaffen wir es, sie dem Hund beizubringen? Wir können sie **»formen«**.

Das Formen (aus dem Englischen: **shaping**) bedeutet, dass man ein bestimmtes Verhalten bei einem Tier schrittweise aufbaut. Skinner drückte das mal so aus, dass man ein Verhalten formen kann wie einen Klumpen Lehm.

Also wird das gewünschte Verhalten geformt. Es gibt zwei Möglichkeiten, um zu formen: erstens das freie Formen und zweitens das Formen durch Hilfestellung.

Im Folgenden werden wir uns beide Möglichkeiten näher ansehen.

Freies Formen

Beim freien Formen muss sich unser Hund das von uns gewünschte Verhalten selber erarbeiten. Die einzige Hilfestellung ist ein Lob/eine positive Ver-

Schrittweise lernt Navajo, den Targetstick zu berühren: Anfangs belohnt Lisa schon einen Blick in die richtige Richtung ...

stärkung, wenn er sich auf dem richtigen Weg befindet. Dem Hund geht es dann also genauso wie Ihnen beim Klickerspiel, das Sie ja schon mit einigen Bekannten gespielt haben.

Hier zeigen sich deutlich die Vorzüge des Klickers. Damit fällt es uns im Allgemeinen am leichtesten, ein bestimmtes Verhalten »einzufangen«, d.h. genau auf den Punkt positiv zu verstärken. Theoretisch könnte man dazu jeden primären oder sekundären Verstärker verwenden. Sie müssten dem Hund also das Leckerchen genau in der Sekunde ins Maul stecken, wenn er das gewünschte Verhalten zeigt. Das ist gar nicht so einfach, besonders, wenn das Verhalten nur einen Bruchteil einer Sekunde lang auftritt. Auch die Stimme als sekundärer Verstärker ist meist zu langsam. Ein Daumen »am Abzug« auf dem Klicker ist aber auch bei einem Ungeübten relativ schnell.

Der Unterschied zwischen dem Klickerspiel, das Sie gespielt haben und darin, dass Sie mit Ihrem Hund »klickern«, besteht darin, dass Ihr menschlicher »Hund« sich nach jedem Klick weitergearbeitet hat. Für den Hund beendet der Klick dann erst einmal die Übung. Das ist aber nicht schlimm, denn auch er wird sich wieder zu der Stelle hinarbeiten, wo er den Klick bekommen hat.

Dazu eine praktische Übung:

Berühren des Targetsticks I

Der Targetstick ist wörtlich übersetzt ein Zielstock. Gut geeignet für diese Übung sind die teleskopartigen Zeigestöcke, die man für ein paar Euro im Schreibwarengeschäft kaufen kann.

Das Endergebnis, welches wir nun formen wollen, ist, dass der Hund mit der Nasenspitze die Spitze des Targetsticks berührt. Diese Übung ist ganz sinnvoll, um einige Prinzipien des freien Formens zu zeigen, und wir können später bei anderen Übungen noch gut darauf aufbauen.

Für diese Übung brauchen Sie den Targetstick, den Klicker, Leckerchen, Ihren Hund und etwas Geduld. Was Sie nicht brauchen, ist Ihre Stimme. Versuchen Sie also wirklich mal, kein Wort mit dem Hund zu reden. Das einzige Kommunikationsmittel ist der Klicker. Da Sie ihn als sekundären positiven Verstärker konditioniert haben, bedeutet der Klicker für den Hund: »Genau das will ich von dir, dafür bekommst du ein Leckerchen!« Auch sonst dürfen Sie dem Hund keinerlei Hilfestellung geben, indem Sie z.B. mit dem Finger auf die Spitze des Targetsticks zeigen. Denn wir wollen ja das freie Formen üben.

Bevor Sie dem Hund nun den Targetstick zeigen, bereiten Sie alles vor und konzentrieren Sie sich. Der Daumen gehört schon an den Abzug! Da Hunde von Haus aus neugierig sind, bekommen Sie nämlich meist ganz zu Anfang schon eine Möglichkeit, den

Hund mit einem Klick und einem Leckerchen positiv zu verstärken.

Da wir das gewünschte Verhalten, nämlich Nasenspitze des Hundes an der Spitze des Targetsticks jetzt formen, heißt das, dass jedes Verhalten belohnt wird, welches in die richtige Richtung geht. Zuerst kann es sein, dass der Hund nur in die richtige Richtung guckt, wobei es auch egal ist, ob das schon die Spitze des Targets ist. Hauptsache, er guckt irgendwohin auf den Target. Und hier müssen Sie Ihre Schnelligkeit, die Sie beim Klickerspiel geübt haben, beweisen. Oft guckt der Hund nämlich wirklich nur den Bruchteil einer Sekunde in die richtige Richtung. Und das gilt es »einzufangen«! Schaffen Sie das, hat Ihr Hund meist ganz schnell raus, wofür er ein Leckerchen bekommt. Sie merken das daran, weil er das belohnte Verhalten dann immer wieder zeigt.

Dann muss er den nächsten Schritt zum gewünschten Verhalten hin machen. Das brauchen Sie ihm nicht zu sagen (Sie dürfen ja ohnehin während dieser Übung nicht reden!), er bekommt einfach keinen Klick und Leckerchen mehr fürs Nurgucken. Jetzt muss er näher kommen. In diesem Fall macht der Hund das meist sowieso schon, weil er auch herausgefunden hat, dass die Belohnung irgendwie mit dem Target zu tun hat. Und wenn der Hund fürs Nurgucken nichts mehr bekommt, wird er ausprobieren, so nach dem Motto: Nanu, das hat doch eben noch funktioniert! Bei diesem Ausprobieren wird ein Verhalten dabei sein, das schon dem Zielverhalten wieder etwas näher kommt. Genau das müssen Sie wieder einfangen! Also schnell sein!

Irgendwann berührt der Hund also den Target an einer beliebigen Stelle. Wenn Sie den Eindruck haben, er weiß genau, dass er fürs Berühren einen Klick mit dem Leckerchen bekommt (meist hört man den Groschen beim Hund richtig fallen!), dann werden die Anforderungen wieder erhöht und es gibt nur noch Klick/Leckerchen für ein Berühren des Targets in der oberen Hälfte und schließlich nur noch fürs Berühren der Targetspitze.

Was hier jetzt so lange und ausführlich erklärt wurde, dauert in der Praxis nur wenige Minuten, vorausgesetzt Ihr Timing stimmt, d.h. Sie sind schnell genug, mit dem Klicker das richtige Verhalten einzufangen, und Ihr Hund ist genügend motiviert.

HIER JETZT NOCH MAL EINIGE REGELN ZUM FREIEN FORMEN: ▶

- Sie brauchen Geduld und dürfen dem Hund keinerlei Hilfestellung geben, außer der von Ihnen gewählten positiven Verstärkung für den Fall, dass er »sich auf dem richtigen Weg befindet«.
- Diesen richtigen Weg, der zum erwünschten Verhalten führt, sollten Sie sich schon vor Beginn der Übung ge-

... am Ende nur noch das Berühren der Spitze.

nau vorstellen! Sie können sich das Verhalten z.B. wie in einem Daumenkino in viele einzelne Bilder aufgeteilt vorstellen.

- Oft gibt es auch mehrere Wege, die zum Ziel führen. Wenn Sie Ihrem Hund z.B. die Rolle beibringen wollen, ist einer der ersten Schritte, dass er sich hinlegt. Ob er sich dazu nun zuerst hinsetzt und dann hinlegt oder ob er zuerst mit den Vorderbeinen runtergeht, um sich dann hinzulegen, ist egal. Sie müssen sich nur bewusst sein, dass es mehrere Wege gibt. Und Sie sollten entsprechend flexibel sein, damit Sie nicht wertvolle Gelegenheiten verpassen, den Hund auf dem richtigen Weg positiv zu verstärken.
- Es kann auch sein, dass Ihr Hund mehrere Schritte überspringt, die Sie sich schon im Kopf zurechtgelegt haben. Auch dann müssen Sie flexibel sein und vor allem darauf vorbereitet. Nicht, dass Sie auf einmal nicht mehr wissen, wie es weitergeht!
- Sie dürfen die Anforderungen erst dann steigern, wenn der Hund eine Stufe sicher beherrscht. Man merkt eigentlich ganz deutlich, wann der Hund genau weiß, dass er sich für ein bestimmtes Verhalten ein Leckerchen verdient hat. Gehen Sie zu schnell vor, verliert Ihr vierbeiniger Partner sozusagen den Faden und damit auch bald die Lust.
- Es ist sinnvoll und erleichtert Ihrem Hund zunächst das Lernen, wenn Sie eine bestimmte Übung an einem bestimmten Platz üben. Dann können Sie mit dem Hund mehrere Übungen an unterschiedlichen Orten trainieren. Jede Übung hat also ihren eigenen Platz. Die unterschiedlichen Plätze geben dem Hund dann den Hinweis, dass jeweils etwas anderes geübt wird. Denn Sie dürfen schließlich noch nichts sagen! Außerdem würde Ihr Hund Sie in diesem Stadium des Lernens noch gar nicht verstehen.
- Schließlich muss das Verhalten noch verallgemeinert werden, d.h. der Hund muss lernen, dass es überall gilt, nicht nur an diesem einen bestimmten Ort.

Mit dem Leckerchen über Gingers Nase lockt Birgit die Berner Sennenhündin ins »Sitz«.

Formen durch Hilfestellung

Die nächste Möglichkeit, ein Verhalten zu formen, besteht darin, dass Sie dem Hund mit irgendwelchen Mitteln gezielt Hilfestellung geben. Der Hund erarbeitet sich das Verhalten also nicht vollständig selbst, sondern er folgt Ihren Hilfen. Im Gegensatz zu Skinners Vergleich des freien Formens mit dem Modellieren von Ton, wäre diese Art des Formens eher ein Gießen in eine vorgefertigte Form. Das geht auf den ersten Blick schneller. Aber die Figur in der Form braucht noch einige Zeit, bis sie fertig ist. Nimmt man sie zu früh heraus, geht sie kaputt. Aber nun weg von irgendwelchen Tonfiguren und wieder zurück zu den Hunden.

Ute lockt ihre Rottweiler-Hündin Leda mit dem Leckerchen ins »Platz«.

»Sitz« und »Platz« I

Dazu werden wir zwei einfache Beispiele in der Praxis üben, nämlich dass der Hund sich hinsetzt bzw. hinlegt. Bitte machen Sie die beiden Übungen auch, wenn Ihr Hund die Kommandos »Sitz« und »Platz« schon beherrscht. Wieder dürfen Sie nicht reden bei der Übung, Sie dürfen also Ihre Kommandos nicht benutzen.

Für das Hinsetzen nehmen Sie sich ein Leckerchen in die Hand und führen diese über die Hundenase nach oben und leicht nach hinten, wobei Ihre Hand mit dem Handrücken nach oben eine Nach-oben-Bewegung macht. Der Hund wird mit der Nase dem Leckerchen folgen, und weil ihm das auf diese Weise zu unbequem wird, wird er sich setzen. In dem Moment, wo der Hintern den Boden berührt, bekommt er einen Klick und sein Leckerchen. Sie werden merken, dass das durch Ihre Hilfe relativ einfach ist. Vielleicht erahnen Sie aber schon das Problem?

Mit dem Hinlegen machen Sie es entsprechend: Diesmal geht Ihre Hand von der Hundeschnauze vor der Brust des Hundes entlang nach unten. Ihre Hand mit dem Handrücken nach oben macht eine Nach-unten-Bewegung. Jetzt haben Sie zwei Möglichkeiten: Entweder Sie warten jetzt mit der Hand auf dem Boden, bis der Hund sich hinlegt, was unterschiedlich schnell gehen kann. Manche Hunde legen sich sofort. Dann bekommen sie ihren Klick mit dem Leckerchen. Manche Hunde probieren aber auch erst einmal aus, ob sie nicht auch anders ans Leckerchen rankommen, indem sie z.B. erst einmal Ihre Hand kratzen. Dann können Sie also warten, bis Ihr Kumpel es irgendwann doch mal mit Hinlegen probiert, oder Sie führen Ihre Hand von hinten unter einem Ihrer Beine durch, was ziemlich tief überm Boden steht. Dann muss Ihr Hund sich hinlegen, wenn er ans Leckerchen will.

Was ist also bei dieser Art der Ausbildung das Problem? Sie müssen sich zum einen erst einmal einfallen lassen, wie Sie ein bestimmtes Verhalten beim Hund erreichen, was manchmal schon etwas akrobatische Übung erfordert.

Ute zeigt uns mit Leda die Möglichkeit, wie man auch Hunde ins »Platz« bekommt, die sich nicht gerne hinlegen.

Das werden diejenigen gemerkt haben, deren Hunde sich nicht sofort hinlegen und die die zweite Lösung dieses Problems gewählt haben. Zum zweiten haben Sie dem Hund ganz deutliche Hilfen gegeben, die man dann erst mal so nach und nach abbauen muss. Das kann – je nach Art des Verhaltens, Ihrer und des Hundes Geschicklichkeit – schon sehr lange dauern. So ist diese Art der Ausbildung am Ende oft doch nicht schneller als freies Formen.

Welche Möglichkeit Sie nun wählen, bleibt Ihnen überlassen. Ich erlebe es immer wieder, dass die meisten Menschen nicht die Geduld fürs freie Formen haben. Trotzdem möchte ich Ihnen wärmstens empfehlen, Ihrem Hund außer dem Berühren des Targetsticks noch ein anderes – komplizierteres – Verhalten durch freies Formen beizubringen (siehe praktische Übung: Die Rolle). Es ist schon eine sehr schöne Erfahrung, wenn man es endlich geschafft hat. Außerdem werden die Hunde, die über freies Formen ausgebildet werden, immer einfallsreicher. Schließlich wollen sie ja schnell an ihre Belohnung kommen. Wenn Sie also die Spielregel erst mal verstanden haben, werden Sie staunen, wie schnell Ihr Hund neue Sachen lernt.

Erst kürzlich erzählte mir eine frühere Kursteilnehmerin, die jetzt schon lange nichts mehr mit ihrem Hund geübt hatte: »Das, was ich ihm damals übers freie Formen beigebracht habe, sitzt alles noch perfekt. Das zeigt er auch von sich aus oft, wenn er z.B. etwas haben will!«

Die Rolle als Daumenkino: Das sind mögliche Zwischenschritte, die Sie auf dem Weg zum endgültigen Verhalten belohnen können.

Dieses Phänomen, dass die Hunde dann spontan bestimmte Verhaltensweisen zeigen, liegt daran, dass sie damit ja schon Erfolg hatten. Aus Sicht des Hundes hat er herausgefunden, wie er Sie(!) dazu bringen kann, dass Sie ihm ein Leckerchen geben. Er hat aus seiner Sicht also alle Fäden in der Hand. Wenn er dann mit seinem Verhalten Erfolg hat, ist das natürlich eine sehr gute positive Verstärkung.

Oft kommt an diesem Punkt der Einwand: »Aber wird der Hund dann nicht größenwahnsinnig, wenn er meint, er hätte alles im Griff? Kann das nicht zu Dominanzproblemen führen?«

Die Sache mit der Dominanz ist ein Thema für sich. Hier möchte ich dazu nur so viel sagen, dass die Hunde durch ihre vielen Erfolgserlebnisse immer selbstbewusster werden. Das führt aber nicht zu Dominanzproblemen, weil Sie es ja sind, der den Rahmen setzt. Eher das Gegenteil ist der Fall. Sie lernen, immer klarer zu werden und Ihr Hund versteht Sie immer besser.

Rolle durch freies Formen

Das Berühren des Targetsticks war relativ einfach. Nun wagen wir uns an eine etwas schwierigere Aufgabe heran. Das Erlernen der Rolle durch freies Formen kann etwas länger dauern. Haben Sie einfach Geduld. Und wieder gilt: Halten Sie den Mund! Das einzige Kommunikationsmittel zwischen Ihnen und Ihrem Hund ist der Klicker.

Der erste Schritt ist, sich die Rolle wie in einem Daumenkino vorzustellen. Unterteilen Sie dieses Verhalten in möglichst viele kleine Schritte. Wichtig ist, dass Sie eine genaue Vorstellung davon haben, was Sie als erste Schritte in die richtige Richtung belohnen können. Nicht nur die ersten, auch die folgenden Schritte sind wichtig, denn die Hunde sind unterschiedlich schnell. Es kann sein, dass Sie für einen bestimmten Schritt sehr lange brauchen; es kann aber auch sein, dass Ihr Hund gleich 4 – 5 Schritte überspringt. Und darauf sollten Sie vorbereitet sein.

Suchen Sie sich am besten eine bestimmte Ecke im Zimmer oder Garten oder wo auch immer aus, um diese Übung durchzuführen. Das macht es für den Hund am Anfang einfacher. Das gilt besonders, wenn Sie mehrere Dinge parallel trainieren, was man ohne weiteres machen kann. Eine gute Hilfe für den Hund ist dann, wenn jede Übung ihren speziellen Platz hat.

Achten Sie darauf, die Übungseinheit auf jeden Fall mit einem Erfolg zu beenden. Z.B. könnten Sie Ihren Hund zum Abschluss noch einmal den Targetstick berühren lassen. Das kann er ja schon gut und Sie können ihn ganz toll dafür loben.

Trainingstagebuch

Empfehlenswert ist es, während der Ausbildung ein Trainingstagebuch zu führen. Dieses sollte für jede Übung, die Sie mit Ihrem Hund lernen wollen, einen Trainingsplan enthalten. Darin sollten Sie sich die einzelnen Schritte möglichst genau überlegen und wissen, wie Sie die einzelnen Übungen gestalten wollen, die jeweiligen Teilschritte, wo Sie üben, was Sie als Belohnung einsetzen usw. Jeden Tag sollten Sie sich dann kurz notieren, wie weit Sie tatsächlich mit dem Hund gekommen sind, oder auch, wo es eventuell Probleme gegeben hat. Besonders, wenn man viele Dinge gleichzeitig übt, ist das eine gute Hilfe. Und mehrere Dinge gleichzeitig übt man eigentlich immer. Wenn Sie jetzt z.B. nur die Rolle neu üben, so arbeiten Sie aber auch noch daran, dass der Hund auch unter Ablenkung zu Ihnen kommt, möglichst lang auf Kommando sitzen bleibt usw.

Das Trainingstagebuch hat den Vorteil, dass Sie immer wissen, wie weit Sie sind. Außerdem ist es eine gute Hilfe, wenn Sie einmal meinen, Sie kämen in der Ausbildung nicht weiter. Das geht jedem von Zeit zu Zeit so. Wenn Sie jedoch dann in Ihrem Trainingsbuch nachlesen, wie weit Sie drei Wochen zuvor waren, sehen Sie, dass doch Fortschritte da sind.

Vielleicht stellen Sie damit auch fest, dass Ihr Hund z.B. immer an Vollmond Schwierigkeiten hat, sich zu konzentrieren. Dann könnten Sie beim nächsten Vollmond eine Pause einlegen, um sich und dem Hund den Frust zu ersparen. Dasselbe gilt, wenn Sie feststellen, dass immer eine gewisse Tageszeit von Bedeutung ist. Oder es fällt Ihnen dadurch eher auf, dass Ihr Hund immer an bestimmten Stellen Schwierigkeiten hat. So kommen dann eventuell Dinge ans Licht, die sonst unbemerkt bleiben würden. Sie werden feststellen: Die Arbeit lohnt sich auf jeden Fall.

Auf einen Blick

- Man kann dem Hund ein Verhalten beibringen, indem man ihn einfach beobachtet und jedes Mal, wenn er das entsprechende Verhalten zeigt, ein dazu passendes Kommando gibt. Wenn durch dauernde Wiederholung auf diese Art und Weise eine Verknüpfung zustande gekommen ist, wird der Hund das Kommando ausführen, obwohl man nie etwas mit ihm gemacht hat.
- Verhaltensweisen, die der Hund nicht so oft von sich aus zeigt, kann man formen.
- Beim freien Formen lässt man den Hund selbst das gewünschte Verhalten erarbeiten, indem man jeden Schritt in die richtige Richtung mit dem sekundären Verstärker »einfängt«. So nähert sich der Hund in kleinen Schritten dem gewünschten Verhalten.
- Beim Formen durch Hilfestellung gibt man dem Hund Hilfen, das gewünschte Verhalten auszuführen. Diese Hilfen müssen später schrittweise wieder abgebaut werden.
- Beim Training ist es sehr sinnvoll, ein Trainingstagebuch zu führen, in das die jeweiligen Vorgehensweisen und Ergebnisse eingetragen werden.

Das Kommando

Das Kommando

Wie sage ich es meinem Hund?

Sie werden sich sicher gefragt haben, weshalb Sie bis jetzt nicht mit Ihrem Hund reden sollten während der Übungen, und im Speziellen, weshalb Sie ihm kein Kommando geben durften.

Die Antwort ist ganz einfach: Weil Ihr Hund das sowieso nicht versteht!

Zu jemandem, der unsere Sprache spricht, können Sie sagen: »Setz dich hin!« Er versteht Sie, kann sich was darunter vorstellen und kann darauf reagieren. Aber wenn Sie dieselben Worte zu jemandem sagen, der nicht unsere Sprache spricht, haben Sie schon ein Problem.

Würde Michael seinem noch jungen Golden Retriever das Kommando »Bei Fuß« öfter in einem solchen Moment geben – wie es in der herkömmlichen Ausbildung gelehrt wird –, würde Felix nicht lernen, was das Kommando eigentlich bedeutet.

Bei einem Hund ist dieses Problem dann noch größer. Er spricht nicht unsere Sprache und er gehört einer ganz anderen Art an. Selbst unsere Gesten kann er nicht verstehen. Da können Sie schmeicheln, Sie können schreien, egal: Er versteht es nicht! Er muss die Bedeutung eines Kommandos erst einmal lernen.

Wir haben vorhin ausführlich besprochen, wie im Gehirn die Verknüpfung funktioniert. Ihr Hund muss jetzt also erst einmal das Wort, welches Ihr Kommando werden soll, mit dem gewünschten Verhalten verknüpfen. Nun stellen Sie sich vor: Ihr Hund steht neben Ihnen, schaut Sie im besten Fall an und Sie sagen: »Sitz!« Da er Sie nicht versteht, solange Sie ihm das Kommando nicht beigebracht haben, wird er nicht in der gewünschten Weise reagieren. Stattdessen verknüpft er nun das Wort mit allem Möglichen anderen, nur nicht damit, dass sein Hintern zu Boden geht.

Dasselbe passiert z.B. besonders deutlich mit dem Kommando »Bei Fuß«. Wann wird es gesagt? Natürlich, wenn der Hund zu weit vorläuft. Was verknüpft er also in diesem Fall? Genau, »Bei Fuß« heißt dann für ihn, ein Stück vorzulaufen. Nur zu dumm, dass man dafür meist durch einen Leinenruck bestraft wird!

Bei der herkömmlichen Form der Ausbildung sagt das Kommando dem Hund nicht, was wir gerne hätten, was er machen soll. Denn es wird eigentlich nie in dem Moment gegeben, wenn der Hund das Verhalten zeigt, sondern vorher oder wenn er es nicht mehr zeigt. Er kann also nicht das Kommando mit dem richtigen Verhalten verknüpfen.

Bei dieser Art der Ausbildung wird das Kommando ein Warnsignal. Nehmen wir wieder das Beispiel »Bei Fuß«. Der Hund läuft zu weit vor, bekommt das Kommando und direkt anschließend einen mehr oder weniger starken Ruck an der Leine. In einer typischen Form der klassischen Konditionierung wird das Kommando mit dem Leinenruck verknüpft. Das Kommando kündigt dem Hund Schmerzen an. Glücklicherweise bekommt der Hund meistens die Chance, diesen Schmerzen zu entgehen, wenn er eben an der richtigen Stelle neben seinem Ausbilder geht. Etwas Unangenehmes wird entfernt, bzw. tritt gar nicht erst auf. Auch das ist eine positive Verstärkung. Das Gefühl der Erleichterung sorgt dafür, dass der Hund das gewünschte Verhalten öfter zeigen wird.

Mit Absicht habe ich gesagt: Er bekommt meistens(!) die Chance … . Sehr oft bekommt er sie nämlich auch nicht. Dann kommt der Leinenruck aus heiterem Himmel ohne die Vorwarnung »Bei Fuß«. Das Ergebnis sind sehr verunsicherte Hunde, die geduckt und mit eingeklemmtem Schwanz an der Seite ihres Hundeführers gehen. Fälschlicherweise wird diese Angst und Unsicherheit dann noch als toller Gehorsam angesehen.

Gibt Helene das Kommando »Bei Fuß« in diesem Moment, kann Ayla das richtige Verhalten – nämlich schönes Bei-Fuß-Gehen – damit verknüpfen.

Wir wollen aber ein Kommando haben, das nicht ein Warnsignal ist, bei dem ein sensibler Hund zusammenzuckt, sondern eines, das dem Hund sagt, was wir von ihm wollen; eines, womit er die Chance hat, sich eine Belohnung zu verdienen.

Wenn wir dem Hund also ein Kommando beibringen wollen, müssen wir dafür sorgen, dass er das Kommando auch mit dem richtigen Verhalten verknüpfen kann. Dafür muss der Hund das Verhalten jedoch erst einmal zeigen. Beim freien Formen brauchen Sie deshalb nichts zu sagen. Sie haben ja zu Beginn noch kein Verhalten, was Ihr Hund mit Ihrem Kommando verknüpfen könnte.

Wenn Sie dann ein bestimmtes Verhalten fertig geformt haben, in unserem Beispiel das Berühren des Targetsticks mit der Nase, dann erst wird das Kommando eingeführt.

Woran merkt man nun, dass ein Verhalten fertig geformt ist?

Wenn Sie Ihrem Hund den Targetstick hinhalten und er ihn mit fast 100%-iger Sicherheit schön an der Spitze berührt, auch wenn Sie den Target in unterschiedliche Richtungen oder in unterschiedlicher Höhe halten, dann können Sie das Kommando einführen.

Das üben wir direkt in der Praxis:

Berühren des Targetsticks II

Wenn Ihr Hund also den Targetstick zuverlässig an der Spitze berührt – wenn nicht, üben Sie das erst noch weiter –, dann geben Sie kurz bevor die Nase am Target ist das Kommando. Das könnte in diesem Fall heißen »Stick« oder »Touch« oder auch »Sessel« oder »Blümchen«, ganz egal, denn der Hund versteht die Bedeutung des Wortes ja sowieso nicht. Wichtig ist nur, dass Sie immer dasselbe Wort benutzen. Jetzt kann der Hund das Kommando mit dem richtigen Verhalten verknüpfen.

Nehmen Sie sich jetzt mehrmals am Tag den Targetstick und lassen Sie ihn vom Hund berühren, indem Sie kurz zuvor das Kommando geben.

Damit dem Hund diese relativ einfache Übung nicht zu langweilig wird, bauen Sie Abwechslung ein, indem Sie den Target z.B. so hoch halten, dass Ihr Hund auf ein Hindernis springen muss, um dranzukommen, oder von einem Hindernis zum anderen oder sonst was. Wichtig ist, dass Ihnen und Ihrem Vierbeiner das Üben Spaß macht.

Jetzt geben Sie immer, wenn die Hundenase kurz vor der Targetstickspitze ist, das Kommando.

Wichtig ist, dass das Kommando kommt, während(!) der Hund das Verhalten zeigt, damit er das Richtige verknüpfen kann. Das Kommando ist also in dieser Lernstufe noch nicht der Auslöser des Verhaltens, sondern es wird zunächst einmal mit dem Verhalten verknüpft. So lernt der Hund, der ja unsere Sprache nicht versteht, wie wir dieses spezielle Verhalten nennen.

Wenn Sie diese Verknüpfung ca. 15–20-mal verstärkt haben, versuchen Sie mal, dem Hund das Kommando vor(!) dem Verhalten zu geben, um zu sehen, ob es das Verhalten schon auslöst. In diesen Fall wird das wohl so sein, weil der Targetstick allein schon ein Auslöser für das Verhalten ist.

Ab jetzt bekommt der Hund nur noch Klick und Belohnung, wenn er aufs Kommando hin den Targetstick berührt, nicht mehr, wenn er das ohne Kommando macht.

Das Kommando wird also zum Signal, dass sich der Hund ein Leckerchen verdienen kann. Und genau so sollten Sie es auch sehen. Sie geben dem Hund die Möglichkeit, sich ein Leckerchen zu verdienen. Wenn er das dann nicht macht, ist das sein Pech! Denn es gibt eigentlich so gut wie nie einen Grund, den Hund für ein Nichtbefolgen eines Kommandos zu bestrafen, weil der Grund in den meisten Fällen ein Fehler Ihrerseits ist (siehe: Wenn mein Hund nicht folgt).

Lassen Sie den Hund also ruhig den Target einige Male ohne Kommando berühren, ohne Klick und Leckerchen, und dann wieder mit Kommando und mit Klick und Leckerchen. So lernt er dann schnell zu unterscheiden, dass es sich ohne Kommando nicht lohnt, sich anzustrengen, denn nur nach dem Kommando hat man auch Aussicht auf Erfolg.

Bitte gewöhnen Sie sich auch direkt an, ein Kommando nur einmal(!) zu geben. Denn wenn Sie – wie viele Menschen – dazu neigen, ein Kommando einige Male zu wiederholen, lernt Ihr Hund ganz schnell: Warum soll ich beim ersten Mal gehorchen? Mein Mensch wiederholt es ja doch noch drei- bis fünfmal. Es kann dann auch so sein, dass der Hund in der Tat sogar verknüpft: »Komm Komm

Komm« bedeutet, dass er kommen soll. Ein einziges »Komm« wird er noch gar nicht beachten. Das haben Sie ihm dann genau so beigebracht und dürfen sich nicht wundern, wenn er erst beim dritten Rufen hört. Also: Üben Sie sich darin, ein Kommando immer nur einmal zu geben. Dabei ist es hilfreich, sich von Zeit zu Zeit von einem Freund beobachten zu lassen, der darauf achtet. Denn selber merkt man es oft noch nicht einmal, dass man gerade schon wieder zweimal das Kommando gegeben hat. Ich denke, das ist eine typisch menschliche Schwäche; aber eine, die man abstellen kann, wenn man daran arbeitet.

Kommando und Hilfestellung

Wenn Sie nun verstanden haben, wobei es beim Beibringen des Kommandos ankommt, nämlich, dass der Hund es auch mit dem richtigen Verhalten verknüpft, werden Sie jetzt schon alleine den Zeitpunkt finden, wann Sie das Kommando einsetzen können. Das kann ziemlich schnell gehen. Aber Sie sollten beachten: Durch Ihre Hilfestellung bekommt der Hund bereits ein Signal, z. B. beim »Sitz« die nach oben gehende Hand. Wenn er zusätzlich dazu noch den Befehl bekommt, erhalten wir das Phänomen des Überschattens. Was heißt das? Das Handsignal und das Kommando zusammen sind für den Hund dann ein(!) Signal.

Für die Hunde ist aber unsere Körpersprache wichtiger als unsere Stimme. Sie sind es nämlich untereinander gewohnt, sich über die Körpersprache zu verständigen. Also achten die Hunde vielmehr auf unsere Körpersprache und das Kommando wird davon überschattet. Es bedeutet dem Hund nicht so viel.

Anfangs bekommt der Hund das Kommando während (!) er den Target mit der Nase berührt, damit er das gewünschte Verhalten damit verknüpfen kann.

Wir wollen aber, dass für den Hund unser Kommando von großer Bedeutung ist. Um das zu erreichen, gibt man es nicht mit dem Handsignal, sondern kurz vorher(!). Dadurch kündigt das Kommando das Handzeichen oder sonstige Hilfe an.

Wenn Sie nach dem Kommando ab und zu mal eine kurze Zeit warten, können Sie feststellen, ob Ihr Hund schon das Verhalten ausführt oder ob er noch aufs Zeichen wartet.

Ein so aufgebautes Verhalten ist schließlich auf Wortkommando und Handzeichen hin abrufbar.

Je nachdem, wie deutlich Ihre Hilfe zum Erreichen des Verhaltens aussieht, kann es allerdings einige Zeit dauern, bis die Hilfe so weit abgebaut ist, dass schließlich nur noch ein kleines Zeichen, das dann als Kommando dienen kann, übrig ist. Beim »Sitz« wollen wir z.B. nicht immer die ganze Bewegung mit dem Leckerchen in der Hand über die Nase das Hundes nach oben durchführen, sondern am Schluss sollte ein andeutungsweise gehobener Zeigefinger genügen, das Setzen auszulösen.

Das üben wir wieder in der Praxis:

In diesem Ausbildungsstadium lässt Birgit das Leckerchen aus der Hand weg und gibt nur noch das Handzeichen
... anfangs noch in der Hocke

... dann aber auch schnell im Stehen. Ginger hat verstanden.

Ute gibt Leda das Handsignal für »Platz«.

»Sitz« und »Platz« II

Bis jetzt haben Sie Ihren Hund in die entsprechenden Positionen gelockt. Nun gilt es, so nach und nach die Hilfsmittel abzubauen. Als erstes bleibt das Leckerchen aus der Hand weg. Diesen Schritt können Sie ziemlich bald machen. Der Hund wird zwar zunächst noch mit Leckerchen belohnt, aber das kommt aus der anderen Hand oder wird aus der Tasche genommen, wenn es gebraucht wird. Sie geben jetzt also nur noch Handzeichen. »Sitz« bedeutet, die Hand macht eine Bewegung nach oben(!), »Platz« bedeutet, die Hand macht eine Bewegung nach unten(!). Zuerst ist es noch die ganze Hand, später nur noch der Zeigefinger. Wenn Sie die Hilfegebung so langsam abbauen, geben Sie ruhig noch jedes Mal einen Klick und eine Belohnung, damit Sie den Hund nicht verwirren.

Nun haben Sie einen Hund, der ganz gut auf Handzeichen reagiert. Wir wollen aber eigentlich beides: Er sollte auf Wortkommando und auf Handzeichen reagieren. Damit der Hund jetzt das Wortkommando lernt, gehen Sie folgendermaßen vor: Kurz bevor(!) Sie das Handzeichen geben, sagen Sie das Kommando. Das Kommando wird so zur Ankündigung des Handzeichens.

Erinnern Sie sich noch an die Konditionierung zweiter Ordnung? Wenn Ihr Hund »Sitz« und »Platz« schon gut beherrschte kann er es jetzt noch zusätzlich auf Handzeichen. Wenn er nicht so gut darauf hört, wäre es sinnvoll, sich neue Wörter als Kommandos einfallen zu lassen. Die sind dann sozusagen noch unverbraucht und nicht mit schlechten Erfahrungen besetzt.

Freizeichen

Wenn man dem Hund ein bestimmtes Kommando gibt, sollte er das entsprechende Verhalten so lange ausführen, bis er entweder ein neues Kommando bekommt oder das Verhalten vom Ausbilder auf andere Art beendet wird.

Dadurch wird verhindert, dass der Hund von sich aus ein Verhalten irgendwann nach seinem Willen abbricht.

Bisher hat der Klicker eine Übung beendet. Immer wenn der Hund den Klicker hört, darf er sich sein Leckerchen abholen kommen, die Übung ist abgeschlossen.

Aber auch wenn mal nicht mit Klick und Leckerchen belohnt wird, sollte es der Ausbilder sein, der die Übung beendet. Gewöhnen Sie sich dafür ein Freizeichen an. Das kann z.B. ein »Okay« sein. Wenn Sie dieses Wort konsequent sagen, wenn Sie mal eine Übung ohne Klicker beenden, bekommt der Hund ein deutliches Signal, wann er wieder seiner Wege gehen darf. Im nächsten Kapitel werden wir das Freizeichen brauchen.

Das Falsch-Signal

Der Klicker – oder sonst ein sekundärer positiver Verstärker – sagt Ihrem Hund: »So ist es richtig! Das will ich von dir!« Sie können die Verständigung mit Ihrem Vierbeiner noch verbessern, indem Sie ein Falsch-Signal einführen.

Das kann z.B. ein »So nicht« sein. Ähnlich dem Spiel, das wir aus Kindertagen kennen, wo wir mit »Heiss« und »Kalt« geführt wurden, können wir den Hund so mit ganz feinen Hilfen zum gewünschten Verhalten hinführen.

Beim Falsch-Signal ist wichtig, dass Sie es wirklich nur als Signal anwenden. Es ist keine Strafe! Es wird also nicht schimpfend oder mahnend, sondern in einer ganz neutralen und ruhigen Art gegeben. Wenn Sie einmal nicht mehr ruhig sein können bei der Ausbildung, ist es ohnehin besser, Sie lassen den Hund noch etwas machen, was er gut beherrscht und hören dann mit dem Üben auf. Das Lernen soll immer Spaß machen!

Mit dem Falsch-Signal können Sie Ihrem Hund schön helfen, wenn Sie ihm schon einige Übungen durch freies Formen beigebracht haben, die noch nicht unter Kommando-Kontrolle sind. Wenn Sie den Klicker holen, kann es nämlich sein, dass der Hund sein ganzes Repertoire abspult, was er schon gelernt hat. Wenn er dann »So nicht« hört, was er nach einigem Üben mit »Jetzt kommt kein Leckerchen« verknüpft hat, wird er nicht länger an einem Verhalten rumprobieren, sondern schneller was Neues versuchen.

Manche Hunde reagieren allerdings sehr empfindlich auf ein solches Falsch-Signal. Dem Hund wird dadurch ja mitgeteilt, dass er keine Belohnung bekommt. Dadurch entstehen Emotionen wie Enttäuschung, Frustration und Ärger. Manche Hunde stecken das relativ gut weg und versuchen einfach etwas Neues. Anderen macht das aber eine Menge aus und sie können dann leicht die Lust am Mitmachen verlieren. Bei einem solchen Hund ist es besser, in diesen Fällen die kleinstmögliche Belohnung anzuwenden.

Wenn mein Hund nicht folgt ...

Um es gleich vorwegzunehmen: Ein nicht befolgtes Kommando hat nichts damit zu tun, dass Sie mit Ihrem Hund Dominanzprobleme haben, wie es leider noch so oft behauptet wird! Daher hilft es auch nicht sehr viel, dem Hund nur mal gut zu zeigen, wer der Herr im Haus ist. Beim Nichtbeachten von Kommandos spielen andere Dinge eine Rolle.

Zuerst einmal müssen Sie sich bei einem Kommando klar machen, was es für Sie bedeutet. Was erwarten Sie, wenn Sie ein bestimmtes Kommando geben? Nehmen wir als Beispiel das hier. Was erwarten Sie, wenn Sie das sagen? Dass der Hund zu Ihnen kommt und dass er sofort kommt und nicht erst noch etwas anderes macht. Vielleicht erwarten Sie außerdem, dass er schön vorsitzt, wenn er gekommen ist. Im Prinzip ist es gar nicht so wichtig, was man erwartet, sondern dass man sich darüber genau im Klaren ist; und das möglichst schon während des Trainings. Sie müssen sich nämlich jetzt fragen: Habe ich das meinem Hund überhaupt beigebracht? Hat er gelernt, dass »Hier« heißt, er soll sofort(!) kommen? Denn so etwas muss man üben.

Denken Sie auch an den Kontext. Haben Sie schon an mehreren Stellen die einzelnen Bestandteile des Kommandos trainiert, so dass der Hund auch unter verschiedenen Gegebenheiten das Kommando gelernt hat? Haben Sie es auch schon unter immer weiter gesteigerter Ablenkung geübt? Es ist nämlich etwas ganz anderes, zu Frauchen oder Herrchen zu kommen, wenn sonst sowieso nichts Besseres los ist, als wenn man als Hund gerade so schön im Spiel mit seinen Kumpanen ist. Solange Sie solche Situationen nicht geübt haben, dürfen Sie vom Hund auch nicht erwarten, dass er dann Ihr Kommando befolgt. Man kann von einem Kind im ersten Schuljahr nicht schon das Große Einmaleins erwarten, geschweige denn das Lösen von Gleichungen mit mehreren Variablen, wie sie erst in den höheren Schuljahren vorkommen. Genauso ist es auch mit Ihrem Hund. Ein Kommando wie das »Hier« ordentlich aufzubauen, so dass Sie ihn hinter einem flüchtenden Kaninchen abrufen können, bedeutet langes, geduldiges und fleißiges Üben. Solange Sie das nicht getan haben, dürfen Sie sich nicht wundern, wenn das Befolgen des Kommandos noch nicht so toll klappt.

Die nächste Frage, die Sie sich stellen müssen, ist, ob der Hund Ihr Kommando überhaupt verstanden hat. Ist das Signal, das Sie gegeben haben, überhaupt beim Hund angekommen? Wir haben schon gehört, dass die Hunde viel mehr auf unsere Körpersprache achten, als auf unsere Worte. Nun kann es z.B. sein, dass für den Hund Ihr »Sitz«-Signal heißt: Er guckt mich an und geht leicht in die Knie. Nun sind Sie mitten in einer Unterordnungsprüfung, ein »Sitz« aus der Bewegung ist als nächstes dran, Sie sehen aber diesmal schön geradeaus und nicht auf Ihren Hund, weil sich das in der Prüfung ja so gehört. Nun ist es wieder nicht der dumme Hund, der das Kommando nicht befolgt! Er hätte es befolgt, wenn Sie es gegeben hätten! So konnte er Sie nicht verstehen.

Dafür ist es also sinnvoll zu wissen, welches Signal für den Hund ein bestimmtes Verhalten bedeutet. Wenn Sie wollen, dass Ihr Hund wirklich aufs Wort hört, müssen Sie ihm das auch so beibringen. Geben Sie das Kommando auch einmal, wenn Sie mit dem Rücken zu Ihrem Hund oder hinter einer Tür stehen. Dann können Sie fest-

Recky und Mogli beim Spiel. Es erfordert schon einen hohen Ausbildungsstand, die Hunde aus dieser Situation abzurufen.

stellen, ob Ihr Hund schon aufs Wort hört oder ob er noch ein Körperzeichen von Ihnen braucht. Wenn das nicht mehr der Fall ist, haben Sie schon gute Arbeit geleistet.

Der nächste Schritt ist dann, das Verhalten unter **Signalkontrolle** zu bringen. Das ist der Fachbegriff dafür, dass der Hund das gewünschte Verhalten jedes Mal auf das Signal hin zeigt und kein anderes; dass er das Verhalten nicht zeigt, wenn das Signal nicht gegeben wird, und dass er es nie auf ein anderes Signal hin zeigt. Das ist schon ein anspruchsvolles Ziel im Training, aber trotzdem erstrebenswert. In den praktischen Aufgaben wird gezeigt, wie man darauf hinarbeitet.

Eine dritte Frage, die Sie sich stellen müssen, wenn der Hund ein Kommando nicht befolgt, ist, wie es denn mit der Motivation aussieht. Ihnen sollte klar sein, dass der Hund nichts Ihnen zum Gefallen macht! Ein Verhalten muss sich für den Hund in irgendeiner Form lohnen. Es kann auch lohnend sein, einer erwarteten Strafe zu entgehen. Das verwechseln viele Ausbilder leider damit, dass der Hund etwas Ihnen zum Gefallen tun würde. Dem ist nicht so. In dieser Hinsicht verhalten sich die Hunde fast sogar menschlich! Oder gehen Sie etwa aus Gefallen bei Ihrem Chef arbeiten? Wie lange würden Sie noch gehen, wenn Sie ab heute keinen Lohn mehr bekämen?

Das heißt jetzt natürlich nicht, dass Sie immer die Taschen voller Leckerchen haben müssten. Bis jetzt haben Sie ja schon gelernt, dass es auch anders geht. Noch mehr Möglichkeiten erfahren Sie im nächsten Kapitel. Auf jeden Fall ist die Motivation ein ganz wichtiges Thema, wenn es um Befolgen von Kommandos geht. Ein Hund, der nicht motiviert ist, mitzuarbeiten, ist aber nicht automatisch dominant, um es noch einmal zu wiederholen!

Grisou befolgt das »Sitz« auch, wenn Silke ihm den Rücken zukehrt – was übrigens die wenigsten Hunde können, weil sie eben doch auf ein Körpersignal und nicht auf das gesprochene Wort reagieren.

Durch dieses Missverständnis wird leider immer noch eine ganze Menge Schaden angerichtet. Dazu ein Beispiel aus meiner Praxis: Ehepaar X möchte mit seinem zweijährigen Hund eine Hundeschule besuchen, damit er die grundlegenden Dinge wie »Sitz«, »Platz«, »Bei Fuß« usw. lernt. Außer dass er noch nicht richtig gehorcht, gibt es mit dem Hund keinerlei Probleme. Schon beim ersten Mal in der Hundeschule hat Frau X ein komisches Gefühl. Sie soll Ihren Hund mit Stachelhalsband führen. Der Hund fühlt sich merklich unwohl. In der zweiten Stunde wird das »Platz« geübt. Die ersten zehn Mal hat ihr Hund auch noch gut mitgemacht, erzählte Frau X, aber dann wollte er nicht mehr. Das ist eine Situation, in der bei vielen Ausbildern die Alarmglocken klingen. »Das darf man nicht durchgehen lassen. Dem Hund muss richtig gezeigt werden, wer der Herr im Haus ist!« So auch in diesem Fall. Da Frau X dazu nicht in der Lage war, übernahm das der Ausbilder. Der Hund wurde an dem Stachelhalsband nach unten gerissen. Als er daraufhin vor lauter Angst knurrte, um sich gegen diese Behandlung zu verteidigen, fühlte sich der Ausbilder in seiner Meinung über diesen dominanten Hund zusätzlich bestätigt. Dass ein Hund einen anknurrt, darf natürlich erst recht nicht sein. Zur Strafe schleuderte er den Hund am Halsband durch die Luft. Seit dem Tag hat Familie X mit dem Hund ein ernstes Problem. Wenn man ihn ins Auto einlädt, dreht er fast durch und beißt sich die Zähne blutig. Sein Vertrauen in die Menschen wurde durch diesen einen Vorfall aufs Tiefste zerstört. Bei den unbedeutendsten Sachen fühlt er sich bedroht und schnappt zu.

Natürlich reagiert nicht jeder Hund so extrem auf diese Behandlung wie dieser hier. Aber ähnliche Geschichten hört man leider oft. Wann werden diese Ausbilder endlich für den Schaden, den sie so anrichten, zur Rechenschaft gezogen?

Und wann verschwindet endlich die Annahme aus den Köpfen noch vieler Hundehalter, dass das Befolgen von Kommandos etwas mit Dominanz zu tun hätte?

Womit es in Wirklichkeit zu tun hat, haben Sie nun gelernt. In den allermeisten Fällen ist es der Fehler des Ausbilders, wenn der Hund ein Kommando nicht befolgt. Es bringt also absolut nichts, sich über den Hund zu ärgern, nur weil man z.B. bisher noch keine Zeit oder keine Lust hatte, ein Kommando auch unter entsprechender Ablenkung zu üben. Ein Hund folgt nun mal nicht auf Knopfdruck. Die Leute, die das immer noch glauben, bezahlen oft einen hohen Preis für ihre irrige Annahme. Meiner Meinung nach sollten sich solche Menschen ferngesteuerte Plüschhunde zulegen, wenn sie eben so viel Wert auf Fernsteuerung legen.

»Nein«-Kommando III

Wiederholen Sie wieder kurz, dass Sie ein Leckerchen auf den Boden werfen und mit »Nein« den Hund dazu bringen, es liegen zu lassen und stattdessen Ihnen nachzulaufen. Wenn das gut klappt, kommt der nächste Schritt. Nun brauchen Sie einen Helfer. Für Hunde, die gerne mit einem Ball spielen, können Sie jetzt den Ball nehmen. Wenn nicht, bleiben Sie einfach beim Leckerchen. Ihr Helfer stellt sich in einiger Entfernung zu Ihnen auf. Sie machen den Hund heiß auf das Spielzeug und werfen es dann in Richtung der Hilfsperson. Sie haben einige Versuche, möglichst gut zielen zu üben. Eventuell müssen Sie Ihren Helfer noch ein wenig anders postieren. Der macht im Moment noch gar nichts. Einige Male werfen Sie also den Ball und der Hund darf ihn sich nehmen. Nach fünf bis sechs Mal sagen Sie »Nein«, wenn der Hund losstürmt, den Ball zu jagen. Denken Sie daran, Sie brauchen es nicht zu schreien! Es ist für den Hund sozusagen jetzt nur eine Information: Wenn du jetzt rennst, rennst du umsonst. Dafür muss Ihr Helfer sorgen! Sollte der Hund trotzdem durchstarten, muss der den Ball vor dem Hund haben! Deshalb sollten Sie möglichst gut zielen. Sie laufen rückwärts und wenn der Hund zu Ihnen kommt, wird mit einem möglichst für den Hund besseren Spielzeug eine Weile gespielt. Dann müssen Sie wieder eine Weile den Hund den Ball fangen lassen. Denn sonst wird der Hund bald gar nicht mehr loslaufen, weil er schon ahnt, dass ja doch ein »Nein« kommt. Auch wenn der Hund sich den Ball schnappen darf, soll der Helfer in Position stehen. Sonst lernt der Hund schnell, dass er immer nur ein »Nein« hört, wenn die zweite Person anwesend ist.

Wenn das soweit ganz gut klappt, können Sie immer bessere Spielzeuge für diese Übung verwenden und den Hund vorher immer heißer machen.

Bei einem nicht ganz so tollen Spielzeug können Sie es dann mal riskieren, den Ball zu werfen, wenn keine zweite Person da steht. Erst darf sich der Hund wieder einige Male den Ball holen, dann kommt das »Nein«. Dieser Schritt sollte aber erst folgen, wenn Sie sich ziemlich sicher sind, dass der Hund auch folgen wird. Jetzt haben Sie nämlich niemanden mehr, der auch für den Misserfolg sorgt, wenn der Hund trotzdem den Ball holen will. Der Hund sollte jedoch möglichst nie Erfolg haben, wenn er das »Nein« gehört hat.

Timmy befolgt das »Nein« und dreht sich zu Jutta um – sonst hätte Michaela für seinen Misserfolg gesorgt.

Wenn der Hund folgt und zu Ihnen zurückkommt, denken Sie daran, ihn ausgiebig zu loben! Machen Sie diese Übung immer mal wieder, damit der Hund sie nicht verlernt.

Sie können die Anforderungen an den Hund noch weiter steigern, wenn Sie – wieder mit Helfer arbeitend – ihm erst das Kommando geben, wenn er immer näher an seiner »Beute« ist. Je näher der Hund mit der Nase schon am Ziel ist, desto schwerer wird es für ihn, sich loszureißen. Und desto flinker muss aber auch die Hilfsperson sein!

Nun wird es auch Zeit, auf variable Belohnung umzuschalten. Was es damit auf sich hat, wird im nächsten Kapitel erklärt.

Wenn Sie sich bis hierhin mit dieser Übung vorgearbeitet haben, können Sie es auch schon mal wagen, das »Nein« außerhalb der Trainingssituation anzuwenden. Wenn es funktioniert, haben Sie gute Arbeit geleistet. Wenn es noch nicht klappt, war der Anreiz für den Hund wohl noch zu groß. Dann müssen Sie sich überlegen, wie Sie eine Trainingssituation gestalten können, in der der Hund einen ähnlich großen Anreiz hat, Sie aber im Notfall für einen Misserfolg sorgen können.

Der Hund erblickt ein potentielles Jagdopfer. Es ist leichter, ihn jetzt mit »Nein« von der Jagd abzuhalten, als wenn er schon gestartet ist.

Zunächst geht Karl-Hans rückwärts, um Jerrys Aufmerksamkeit zu bekommen ...

Bei Fuß I

Wir wollen den Hund nicht mit der Leine in die richtige Position ziehen, um dann das Kommando geben zu können. Die Leine sollte nur da sein, um den Hund im Notfall am Weglaufen zu hindern! Versuchen Sie sich also abzugewöhnen, dem Hund mit der Leine irgendetwas sagen zu wollen. Das ist gar nicht so einfach, wenn man schon lange Zeit immer mal wieder an der Leine zieht. Statt dessen machen Sie den Hund auf sich aufmerksam. Dazu können Sie ein Spielzeug oder ein Leckerchen für den Anfang in der Hand haben. Hier sind wir wieder beim Formen durch Hilfestellung. Mit dem Futter oder dem Spielzeug wird der Hund in die richtige Position gelockt. Ist Ihr Hund sehr unaufmerksam, können Sie die ersten Schritte rückwärts gehen und ihn hinter sich herlocken. Dann wird der Hund nicht vorlaufen wollen. Wenn Sie die Aufmerksamkeit des Tieres haben, können Sie sich dann an seine Seite drehen. Wenn der Hund sich dann in der richtigen Position befindet, geben Sie

... dann dreht er sich in die richtige Position und kann den Hund für ein tolles Bei-Fuß-Gehen belohnen.

das Kommando und einen Klick mit der Belohnung. Belohnen Sie anfangs den Hund ziemlich schnell. Zwei bis drei Schritte reichen vollkommen aus! Die meisten Hundehalter neigen dazu, viel zu viel am Anfang zu verlangen, und der Hund wird wieder unaufmerksam. Machen Sie es dem Tier also relativ einfach, damit es auch Erfolg haben kann! Am besten probieren Sie erst einmal ohne Hund die zwei bis drei Schritte. Es ist nicht viel, für den Hund und auch für Sie aber dicke genug, weil Sie beide sich gut konzentrieren müssen.

Hat der Hund den Anfang einer Übung richtig verstanden, können Sie das relativ schnell weiter ausbauen. Daher sind zu Beginn wirklich »nur« die ersten Schritte wichtig. Über die richtige Belohnung (nächstes Kapitel) geht es dann weiter.

Auf einen Blick

- Der Hund versteht unsere Worte nicht. Ein Kommando muss daher zunächst mit dem entsprechenden Verhalten verknüpft werden, d.h. es muss in dem Moment gegeben werden, wenn das zugehörige Verhalten auch gezeigt wird.
- Geben Sie Ihrem Hund nach jedem ausgeführten Kommando ein Freizeichen, wenn er die Übung beenden darf. Dadurch lernt der Hund, ein von Ihnen gewünschtes Verhalten so lange zu zeigen, bis er entweder ein anderes Kommando oder das Freizeichen bekommt.
- Wenn ein Hund ein Kommando nicht befolgt, liegt das zu 99% daran, dass er es noch nicht richtig gelernt hat. Entweder versteht er Sie nicht oder er hat das Verhalten noch nicht wirklich mit dem Kommando verknüpft. Vielleicht hat er das Kommando noch nicht verallgemeinert oder es wurde noch nicht unter immer steigender Ablenkung geübt. Vielleicht ist der Hund auch einfach nur nicht motiviert. Es besteht also keinen Grund, auf den Hund böse zu sein. Man sollte sich lieber an die eigene Nase fassen.

Verschiedene Belohnungsmodelle

»Schluss mit Leckerli und Trallala!« war neulich in einer Hundezeitschrift zu lesen. Und damit ist genau getroffen, was viele mit der positiven Ausbildungsart missverstehen. Die meisten Menschen glauben, man müsste den Hund dann sein Leben lang mit Leckerchen bestechen. Denn ohne Leckerchen gehorche er gar nicht mehr. Bei all den Leuten, die in der Ausbildung nur bis hierhin kommen, ist das in der Tat so möglich. Daher gehört zu einer guten Ausbildung auch unbedingt, über die unterschiedlichen Belohnungsmodelle Bescheid zu wissen. Da muss ich diejenigen loben, die Klickertraining als ihre Ausbildung gewählt haben. Denn alle Bücher übers Klickertraining enthalten auch die wichtigen theoretischen Hintergründe. Aber wo erfährt man sonst schon etwas über unterschiedliche Belohnungsmodelle? Dabei ist das ein so wichtiges Thema! Allein darüber könnte man ein Buch schreiben! Im Folgenden möchte ich die unterschiedlichen Belohnungsmodelle auch wieder anhand von Beispielen aus dem menschlichen Alltag bringen, um deutlich zu machen, was sie bewirken.

▸ Belohnung nach einer bestimmten Anzahl von Verhaltensweisen

Bis jetzt wurde der Hund noch jedes mal belohnt, wenn er sich in der gewünschten Weise verhalten hat, was anfangs auch sehr wichtig ist. Versuchen Sie sich das übrigens auch anzugewöhnen, wenn der Hund sich »normal« verhält. Das wird nämlich leider viel zu oft übersehen: Da liegt der Hund schön brav auf seiner Decke oder im Restaurant unterm Tisch und keiner beachtet ihn. Denken Sie daran: Dieses Verhalten ist nicht selbstverständlich! Bestärken Sie Ihren Hund auch darin!

Wir Menschen neigen nämlich dazu, gutes Benehmen als selbstverständlich hinzunehmen, nur bei schlechtem Benehmen werden wir aufmerksam. Es gibt Hunde, die lernen gerade dadurch das schlechte Benehmen! Denn nur dann bekommen sie Aufmerksamkeit!

Aber zurück zu unseren Belohnungsmodellen: Bis jetzt hatten wir es also mit der ständigen Belohnung zu tun. Zum Erlernen einer Verhaltensweise und dafür, dem Hund verständlich zu machen, was wir von ihm wollen, ist es wichtig, jedes Mal zu beloh-

Loben Sie Ihren Hund auch immer wieder, wenn er sich, wie hier Aljoscha, »normal« verhält!

nen, wenn der Hund in der gewünschten Weise reagiert. Wenn er dann jedoch eine Übung beherrscht, wird dieses Belohnungsschema zu langweilig. Überlegen Sie sich noch mal, wie es war, als Sie lernten, Fahrrad zu fahren. In der Anfangsphase wurden Sie durch jede Belohnung angespornt. Stellen Sie sich aber jetzt vor, nach einiger Zeit, als Sie das Radfahren schon gut beherrschen, kommt immer noch jemand und sagt immer, wenn er Sie sieht: »Mensch, du kannst aber gut fahren!« Kämen Sie sich nicht ziemlich veräppelt vor? Ob die Hunde auch so empfinden, kann ich natürlich nicht sagen. Aber auf jeden Fall ist das, was eigentlich als Lob gedacht ist, in einer solchen Situation eher nichtssagend und langweilig.

Anders ist es, wenn Sie mit Ihrem Fahrrad z.B. durch zwei eng stehende Mülltonnen gefahren sind oder wenn Sie ein geschicktes Ausweichmanöver gefahren sind, um dadurch vielleicht einen Unfall zu vermeiden. Wenn Sie in dieser Situation nach langer Zeit mal wieder für Ihr Können gelobt werden, ist das doch sehr aufbauend.

Daher ist es wichtig, in der Hundeausbildung von der ständigen Belohnung weg und hin zu einem anderen Belohnungsschema zu kommen. Eine Möglichkeit ist es, nach einer bestimmten Anzahl von Verhaltensweisen zu belohnen. Der Hund wird z.B. erst nach jedem zweiten Hinsetzen belohnt.

Das ist der erste Schritt nach der ständigen Belohnung. Man muss den Hund nämlich erst langsam umgewöhnen. Sehr sensible Hunde werden u. U. deutlich auf diesen Entzug des Leckerchens reagieren. Daher ist es wichtig, den Hund schrittweise diese neue Erfahrung machen zu lassen.

Wann steigt man also auf diese Art der Belohnung um?

Wenn man den Eindruck hat, der Hund weiß, was man von ihm will! Ob man in seiner Ansicht richtig gelegen hat, sieht man daran, wie der Hund reagiert, wenn er kein Leckerchen bekommt. Wird er dadurch ganz verunsichert und demotiviert, war dieser Schritt noch zu früh. Benimmt er sich aber nach dem Motto: »Nanu? Ich habe doch alles richtig gemacht. Wo bleibt denn mein Leckerchen?«, dann war der Zeitpunkt richtig gewählt. Jetzt können Sie die Anforderungen an den Hund immer weiter hochschrauben: Erst muss er also zweimal ein Kommando befolgen, bevor er wieder ein Leckerchen bekommt, dann dreimal usw.

REGELMÄSSIGE UND VARIABLE BELOHNUNG ▸ Um dem Hund die neuen Spielregeln einfacher verständlich zu machen, ist es ganz sinnvoll, für kurze Zeit regelmäßig jedes zweite oder auch jedes dritte Mal zu belohnen. Dann sollte man von dieser regelmäßigen aber unbedingt auf eine variable Belohnung wechseln!

Dazu wieder zunächst ein Beispiel aus dem menschlichen Leben. In vielen Berufen werden Arbeiter nach der Anzahl ihrer Arbeitsstücke entlohnt. Stellen Sie sich also vor, Sie müssten hundert Arbeitsstücke machen, bevor Sie Ihren Lohn bekommen. Dann ist es in der Regel so, dass nach empfangenem Lohn die Arbeit erst einmal sehr schleppend losgeht. Die Motivation ist erst einmal dahin; denn bis zum nächsten Lohn muss man ja erst noch hundert Stücke abliefern. Ist man aber dann gegen Ende, sagen wir bei Nummer neunzig, angelangt, dann ist man für die nächsten paar hochmotiviert, weil es ja dann auch wieder Lohn gibt.

Genauso ginge es Ihrem Hund, wenn er wüsste, er würde – sagen wir mal – jedes fünfte Mal belohnt. Die ersten Übungen nach der Belohnung würde er recht halbherzig machen und sich höchstens für die fünfte Übung etwas anstrengen. Daher ist es wichtig, die Belohnung variabel zu gestalten, d.h. einmal wird er nach fünf Übungen belohnt, einmal nach dreien, dann auch mal nach einem Mal, dann wieder nach vier Mal usw. Der Hund weiß also nie, wann das Leckerchen oder das Spiel kommt.

Nach demselben Prinzip arbeiten die Spielautomaten oder die Lotteriegesellschaften. Man weiß nie, wann der Gewinn kommt. Es könnte immer das nächste Mal sein. Viele Leute sind regelrecht süchtig danach.

Außer der steigenden Spannung, die man damit für den Hund erzeugt, hat diese Art der Belohnung noch einen anderen wichtigen Vorteil:

Im ersten Kapitel haben Sie schon vom Löschen gehört. Wenn eine Verhaltensweise nicht mehr von einer angenehmen Konsequenz gefolgt wird, wenn sie sich also nicht mehr lohnt, wird sie gelöscht. Wenn ein Hund regelmäßig jedes Mal für ein »Sitz« belohnt wird und auf einmal bleibt die Belohnung weg, wird der Hund sich relativ bald nicht mehr hinsetzen. Es lohnt sich nämlich nicht für ihn.

Wenn der Hund schon auf ein regelmäßiges Belohnungsschema umgestellt war, wobei er z.B. jedes fünfte Mal belohnt wird, doch dann bleibt die Belohnung weg, wird auch hier das Verhalten gelöscht. Es dauert jedoch etwas länger, weil der Hund nicht so schnell merkt, dass die Belohnungen ausbleiben.

Ist er jedoch schon auf variable Belohnung umgestellt, ist das Löschen eines Verhaltens am schwierigsten. Das möchte man natürlich haben für die Dinge, die wir dem Hund beibringen. Anders ist es bei von uns unerwünschten Verhaltensweisen. Hier gilt natürlich dasselbe Prinzip. Auch hier ist am schwersten zu löschen, was variabel belohnt wird. Ein Hund, der nur ganz selten vom Tisch mal einen Happen abbekommt, ist auf einem perfekten variablen Belohnungsschema und daher ist sein Bettelverhalten nur sehr schwierig zu löschen.

Sie sehen also, wie viel Wirkung die unterschiedlichen Belohnungsmodelle haben!

So fasziniert wie Menschen von Spielautomaten sind, kann der Hund von der Arbeit mit Ihnen sein.

Lotte hat gelernt, den Ball mit der Pfote zu manipulieren.

Ballspiel mit dem Hund II

Diese Theorie wollen wir gleich wieder in die Praxis umsetzen. Nehmen Sie sich noch einmal Ihren Hund, einen Ball, Klicker und Leckerchen. Beim letzten Mal gab es noch bei jedem Berühren des Balles Klick und Leckerchen. Wiederholen Sie diese Übung kurz, damit der Hund wieder weiß, worum es geht. Wenn das der Fall ist, setzen Sie mal einmal mit dem Klick und dem Leckerchen aus. Versucht Ihr Hund es dann noch einmal, bekommt er auch wieder seine Belohnung.

Ist er aber ganz verwirrt und weiß gar nicht mehr, was er tun soll, dann war er noch nicht so weit. Gehen Sie dann einfach noch mal eine Weile dazu über, ihn für jedes Berühren zu belohnen, bevor Sie noch einmal den Versuch starten, dass der Hund zweimal den Ball berühren muss, bevor Klick und Leckerchen kommen.

Wenn es aber schon klappt, gehen Sie zügig zum nächsten Schritt, dem 3er: erst dreimal Ball berühren gibt Klick und Leckerchen.

Und wenn auch das klappt, werden Sie variabel: Manchmal reicht einmal berühren, manchmal muss der Hund den Ball fünf Mal berühren. Sie sind damit auch flexibel, welche Ausführung Sie belohnen. Berührt Ihr Hund nur so halbherzig den Ball, bekommt er dafür keine Belohnung. Schießt er ihn aber schon ein Stück nach vorne, gibt es was. So können Sie sich die schönsten Ballkontakte aussuchen und diese immer weiter positiv verstärken.

Vielleicht wollen Sie auch die Ballkontakte verstärken, die das Leder in Richtung Tor befördern. Dann gibt es demnächst nur noch Leckerchen für ein geschossenes Tor. Spätestens dann können Sie Ihren Vierbeiner im örtlichen Fußballverein anmelden!

Gleich schießt Lotte ein Tor!

Belohnung nach einer bestimmten Dauer der Verhaltensweise

Auch in dem Fall kann man wieder eine regelmäßige und eine variable Belohnung unterscheiden.

Bei der regelmäßigen Form wird der Hund z.B. immer nach einer Minute gelobt, wenn er ein bestimmtes Verhalten, z.B. das »Sitz Bleib« zeigt. Ein Hund gewöhnt sich schnell an eine bestimmte Zeit. Er wird dann nach einiger Weile automatisch nach einer

Minute aufstehen. Daher ist es auch hier wichtig, variabel zu sein und immer wieder die Zeitspanne zu verändern.

Auch einen Hund, der das »Sitz Bleib« schon über fünf Minuten beherrscht, soll man zwischendurch ruhig auch schon mal nach wenigen Sekunden belohnen. So bleiben die Übungen für den Hund immer spannend.

Wenn man stattdessen die Länge immer nur ausdehnt, weil »der Hund das ja schon so gut kann« und die meisten Leute es dann nicht mehr für nötig halten, ihn auch noch mal nach z.B. nur fünf Sekunden für ein »Bleib« zu belohnen, wird die Aufgabe für den Hund ziemlich langweilig. Wird er jedoch von Zeit zu Zeit mit einer Belohnung überrascht, wenn er sie noch gar nicht erwartet, wenn Sie also wirklich in Ihrer Art zu belohnen variabel sind, dann machen Sie dem Hund die Ausbildung spannend.

»Sitz Bleib« I

Lassen Sie Ihren Hund sich neben Sie hinsetzen. Nun zögern Sie die Belohnung bzw. das Geben des Freizeichens immer weiter hinaus. Bei manchen Hunden kann man diese Übung nur sekundenweise steigern. Anfangs stehen Sie immer noch neben dem Hund. Erst wenn der schon eine ganze Weile ziemlich sicher neben Ihnen sitzen kann, drehen Sie sich in der nächsten Übungseinheit mal vor ihn. Belohnen Sie ihn zunächst schon dafür, dass er sitzen bleibt, während Sie sich vor ihn drehen. Wenn das gut klappt, steigern Sie allmählich die Dauer, die Ihr Hund vorsitzen soll und machen Sie das variabel. Zuerst wird er also belohnt, wenn er durchschnittlich nur wenige Sekunden sitzen bleibt. Das steigern Sie je nach Fortschritt Ihres Hundes auf durchschnittlich mehrere Minuten. Auch hier wird der Hund also manchmal schon nach sehr kurzer Zeit belohnt, manchmal muss er erst länger sitzen.

Das variable Belohnen ist für uns Menschen gar nicht so einfach. Wir neigen dazu, schnell in eine gewisse Regelmäßigkeit zu verfallen. Versuchen Sie sich also immer wieder kritisch zu beobachten. Beim variablen Belohnen der Dauer hilft es schon, wenn man die Sekunden für sich im Kopf mitzählt und darauf achtet, immer unterschiedlich lang zu zählen. Aber vor lauter Achten auf das Variable lassen Sie das Verhalten Ihres Hundes nicht aus den Augen und belohnen Sie besonders gute Verhaltensweisen, egal ob eine Belohnung jetzt an der Reihe wäre oder nicht.

Marianne übt mit ihrer Eurasierhündin zunächst in deren unmittelbarer Nähe, dass sie immer länger sitzen bleibt.

Eine für Hunde meist tolle Belohnung ist das Losmachen von der Leine. Achten Sie darauf, für was Sie den Hund damit belohnen. Michael macht es richtig: Felix wird für ein schönes »Sitz« losgelassen.

Vielleicht denken Sie jetzt: »Oh je, auf was man da alles achten muss!« Aber mit etwas Übung werden Sie ein Gespür dafür entwickeln. Es ist aber in der Tat so, dass die Hundeführer in unseren Kursen weitaus mehr lernen müssen als die Hunde. Die Hunde machen das, was sie lernen sollen, dann fast schon automatisch, wenn der Hundeführer erst einmal weiß, worauf es ankommt.

Wichtig ist also, mit der Belohnung immer variabel zu sein, wenn das Verhalten erst einmal sitzt. So kann man dann das Geben der Leckerchen nach und nach ausschleichen. Der Hund wird dann ebenso gut gehorchen, wenn Sie mal einige Zeit keine Leckerchen geben, eher sogar besser. Aber von Zeit zu Zeit sollte trotz allem – auch wenn ein Hund eine Übung schon sehr gut beherrscht – ein positiver Verstärker kommen. Aber auch das muss nicht unbedingt ein Leckerchen sein. Es gibt andere Möglichkeiten (siehe S. 34).

Rückrufkommando III

In bekannter abwechslungsarmer Umgebung kommt der Hund jetzt schon zügig beim ersten Rufen zu Ihnen. Das bedeutet jetzt noch lange nicht, dass er das Rückrufkommando beherrscht. Jetzt muss das Kommando erst an verschiedenen Stellen ohne Ablenkung(!) geübt werden. Sollte Ihr Hund allein durch die neue Umgebung schon so abgelenkt sein, dass er nicht beim ersten Rufen kommt, lassen Sie sich nicht zu einem zweiten Rufen verleiten. Stattdessen laufen Sie lieber in die entgegengesetzte Richtung des Hundes weg. Wenn er dann kommt, geben Sie während des Kommens noch einmal das Kommando und loben Sie den Hund. Üben Sie das Zurückrufen während eines Spazierganges immer mal wieder. Leinen Sie den Hund dann auch kurz an und lassen Sie ihn als Belohnung für gutes An-der-Leine-Gehen wieder laufen. Wenn Sie den Hund nämlich immer erst am Ende des Spazierganges zurückrufen und ihn dann anleinen, lernt der Hund, dass das Zurückrufen das Ende des Spazierganges bedeutet. Damit können Sie dem Hund das Kommen wieder abgewöhnen. Oder er kommt gerade nur so dicht an Sie heran, dass Sie ihn nicht anleinen können.

Als nächstes muss der Hund noch lernen, auch unter Ablenkung auf Kommando zu Ihnen zu kommen. Auch da müssen Sie schrittweise vorgehen und dürfen nicht direkt zu viel vom Hund erwarten. Steigern Sie also die Ablenkungen immer nur gerade so weit, dass Ihr Hund das Rückrufkommando noch befolgt. Sollte die Ablenkung einmal zu groß ausgefallen sein, gehen Sie lieber wortlos hin und nehmen den Hund aus der Situation heraus, als das Sie sich verleiten lassen, mehrmals zu rufen.

Ganz hilfreich ist auch das Üben mit langer Leine. Wenn der Hund dann nicht sofort auf das Kommando hört, wird er eben einfach eingezogen und auch dann fürs Kommen belohnt.

Oft hört man von Welpenbesitzern, dass die es gar nicht für nötig halten, in eine Welpenschule zu gehen, weil der Hund ja schon so schön folgt, wenn man ihn ruft. Mal ganz von der Sozialisation abgesehen, die dadurch vielleicht verpfuscht wird, klären Sie diese Leute auf, dass es für einen Welpen ein ganz normales Verhalten ist, zu kommen, wenn er gerufen wird, vorausgesetzt, er fühlt sich auch wohl in seinem menschlichen Rudel. Erst wenn er älter und unternehmungslustiger ist, wird der anfangs scheinbar so wohlerzogene Hund dann auf einmal nicht mehr so ohne weiteres hören. Oft wird er dann dafür noch bestraft, weil er schließlich schon genau weiß, was das Rückrufkommando bedeutet. Und so wird der Hund systematisch dazu erzogen, eben dann genau nicht zu kommen!

▶ Jackpot

Das menschliche Glücksspiel, das ein so gutes Beispiel für eine variable Verstärkung darstellt, liefert uns noch eine weitere wertvolle Anregung für die Ausbildung unserer Tiere, nämlich den Jackpot, den Hauptgewinn.

Geben Sie Ihrem Hund von Zeit zu Zeit auch einen solchen Hauptgewinn. Das kann ein besonders gutes Leckerchen sein oder ein ganz tolles Spiel mit Ihnen, einfach etwas ganz Besonderes, eben einen Jackpot.

Dadurch machen Sie dem Hund das gute Befolgen Ihrer Kommandos noch erstrebenswerter. Genau wie ein Lotteriespieler hat er nämlich dann immer die Chance, das große Los zu ziehen.

WANN WÄHLE ICH WELCHE BELOHNUNG? ▶ Sie haben jetzt gelernt, dass das richtige positive Verstärken schon eine Kunst für sich ist, womit man jedoch auch sehr viel erreichen kann.

Jutta hat Timmy hier an langer Leine. So kann sie notfalls das Rückrufkommando durchsetzen, um den Hund dann für sein – wenn auch unfreiwilliges – Kommen zu belohnen.

Zusammenfassend lässt sich sagen: Seien Sie in Ihren Verstärkungen so abwechslungsreich wie möglich. Genau wie bei der Strafe, also der negativen Verstärkung, das eigentlich Wirksame der Schreck ist, ist es in diesem Fall die Überraschung! Überraschen Sie Ihren Hund also immer wieder. Verwenden Sie zur Belohnung unterschiedliche Leckerchen, unterschiedliches Spielzeug und auch alles, was der Hund sonst in dem Moment belohnend findet. Je einfalls- und abwechslungsreicher Sie in dieser Hinsicht sind, desto schneller kommen Sie auch davon weg, dass der Hund nur für Leckerchen arbeitet.

Auch mit dem Klicker als sekundärem positiven Verstärker sollte man so abwechslungsreich wie möglich umgehen. Mal bedeutet also Klick Leckerchen, mal bedeutet es spielen, dann laufen dürfen usw.

Mit fortgeschrittener Ausbildung muss dem Klicker auch nicht mehr unbedingt ein primärer Verstärker folgen. Auch ohne das hat er seine Verstärkerfunktion. Man muss ihn dann nur von Zeit zu Zeit wieder »aufladen«, den Hund also daran erinnern, dass der Klick etwas Gutes bedeutet.

▸ Belohnung einer alternativen Verhaltensweise

Auch das ist ein eigenes Belohnungsschema. Was bedeutet es? Nehmen wir einmal an, Ihr Hund liebt es, andere Hunde anzubellen. Wenn Sie dieses Verhalten nicht haben wollen, muss man das nicht unbedingt bestrafen. Sie können auch eine alternative Verhaltensweise positiv verstärken, d.h. der Hund wird für alles gelobt, wobei er nicht bellt. Damit geben Sie dem Hund einen wertvollen Hinweis darüber, was Sie denn eigentlich von ihm wollen.

Hier gibt Silke Grisou einen Jackpot, in diesem Fall eine ganze Hand voll Leckerchen.

Wenn Sie nämlich nur jedes Mal schimpfen, wenn Ihr Hund bellt, weiß er, wenn Sie Glück haben, wofür er geschimpft wird, er weiß aber deshalb noch lange nicht, wie er sich denn stattdessen verhalten soll. Wenn Ihr Hund dazu neigt, das Geschirr abzulecken, wenn Sie die Spülmaschine einräumen, und Sie das nicht mögen, belohnen Sie ihn, wenn er sich stattdessen auf Ihr Kommando einen Meter entfernt hinlegt. Dann kann er nicht lecken. Der Hund versteht, was er stattdessen tun soll und Sie brauchen ihn nicht zu strafen.

Mit dem Spielzeug im Maul kann Leda nicht bellen. Das ist also ein mögliches alternatives Verhalten.

»Voraus«

Ihr Hund kann jetzt den Targetstick auf Kommando berühren. Damit haben Sie ein tolles Hilfsmittel für weitere Übungen in der Hand, bzw. für diese erste Übung nicht in der Hand, sondern am Boden.

Halten Sie Ihren Hund mit der linken Hand fest und mit der rechten stecken Sie den Target so weit entfernt, wie Ihr Arm lang ist, in die Erde. Sie geben das Kommando »Touch« oder was Sie gewählt haben. Der Hund wird den Targetstick berühren * Klick und Belohnung.

Als Nächstes können Sie den Hund mit »Bleib« warten lassen und den Target immer weiter entfernen. Achten Sie darauf, den Hund nicht zu überfordern. Wenn er die Übung nicht ausführt, haben Sie den Abstand zu weit gewählt. Das kann er noch nicht. Bis jetzt war der Targetstick schließlich immer in Ihrer Hand. Das ist jetzt was ganz Neues für den Hund.

Wenn der Hund die Übung schön ausführt, können Sie gleich das Kommando »Voraus« einführen. Geben Sie es kurz vor(!) dem Kommando zum Berühren des Targetsticks. Irgendwann können Sie dann das zweite Kommando weglassen und nur noch »Voraus« verwenden.

Wenn Sie sich auf eine gewisse Entfernung hingearbeitet haben, lassen Sie den Targetstick immer mehr verschwinden, indem Sie den Teleskopzeigestock immer weiter zusammenschieben, bis Sie ihn schließlich ganz weg lassen.

Sie können Ihrem Hund so beibringen, eine bestimmte Entfernung voraus zu laufen, oder dass er so lange läuft, bis Sie ihm ein neues Kommando geben.

Das Kommando »Voraus« kann man einem targettrainierten Hund leicht verständlich machen.

Auf einen Blick

- Mit fortschreitender Ausbildung müssen wir davon wegkommen, den Hund für alles, was er macht, zu belohnen. Wir wollen schließlich keinen Hund, der nur für uns was macht, wenn wir auch Leckerchen oder Spielzeug in der Tasche haben. Indem wir ihn nicht immer belohnen, können wir seinen Arbeitseifer sogar steigern.
- Bei der Belohnung nach einer bestimmten Anzahl an Verhaltensweisen muss der Hund mehrere Dinge zeigen, bevor er seine Belohnung bekommt. Anfangs soll er immer eine bestimmte Anzahl an Verhaltensweisen zeigen, dann geht man aber über auf variable Belohnung. Jetzt weiß der Hund nie mehr, wann und wofür er bestärkt wird. Er wird sich also mehr anstrengen und wir können uns seine besten Übungen zur Belohnung aussuchen.
- Für die Belohnung nach einer bestimmten Dauer einer Verhaltensweise gilt sinngemäß dasselbe. Dieses Belohnungsschema kommt in Frage bei Übungen, die der Hund eine bestimmte Zeit lang machen soll, wie die Bleib-Übungen. Hier kann man entweder immer nach einer bestimmten Zeit positiv bestärken oder aber nach immer unterschiedlicher Dauer, womit man zu den besseren Ergebnissen kommt.
- Von Zeit zu Zeit sollte der Hund einen Jackpot, also einen Hauptgewinn bekommen. Das wird ihn für die Zukunft noch mehr anspornen. Er ist dann ähnlich motiviert wie ein Lottospieler: Beim nächsten Mal könnte es ja den großen Gewinn geben!
- Mit diesen unterschiedlichen Belohnungsmodellen kann man sogar unerwünschte Verhaltensweisen »behandeln«. Durch Belohnen einer alternativen Verhaltensweise zeigt man dem Hund, was er anstelle des unerwünschten Verhaltens tun soll.

Verhaltensketten

Verhaltensketten

▸ Was ist das?

Eine Verhaltenskette besteht aus mehreren einzelnen Verhaltenselementen, die nacheinander in einer bestimmten Reihenfolge gezeigt werden sollen. Hinzu kommt, dass ein beendetes Element das Signal für das folgende Element ist, bzw. das folgende Verhaltensteil dem vorhergehenden als positiver Verstärker dient.

Wenn Sie Ihrem Hund komplexere Verhaltensweisen beibringen wollen, wie z.B. Zeitung holen, können Sie ihm das in Form einer Verhaltenskette beibringen. Das ist sozusagen Training für Fortgeschrittene. Das bisher Gelernte wird jetzt für kompliziertere Aufgaben eingesetzt. Sie werden feststellen, dass es gar nicht so schwer ist, dem Hund relativ anspruchsvolle Dinge wie Zeitung holen beizubringen.

▸ Aufbau einer Verhaltenskette

Zuerst einmal müssen Sie sich wieder genau klar machen, was Sie dem Hund beibringen wollen. Der allerwichtigste Schritt ist dann, dieses Verhalten in möglichst viele Zwischenschritte zu unterteilen. Nehmen wir als Beispiel das Apportieren. Auch da haben Sie die Möglichkeit, es in Form einer Verhaltenskette aufzubauen. Es gibt natürlich auch andere Möglichkeiten, dem Hund das Apportieren beizubringen. So ist es mit allen Beispielen in diesem Buch, wie Sie sicherlich schon festgestellt haben. Meiner Meinung nach ist es wichtig, möglichst viele Möglichkeiten zu kennen, einem Hund eine bestimmte Sache beizubringen. Dann kann man damit nämlich – wie auf dem Klavier – spielen. Sie werden mit Sicherheit feststellen, dass nicht jede Methode für jeden Hund richtig ist. Daher ist es immer äußert fraglich, wenn man Ausbilder hört, die sagen: »Du musst(!) das so und so machen...« oder die nach einer bestimmten Methode arbeiten. Wenn Sie an einen solchen Ausbilder geraten sind und eine Sache klappt nicht, so wie Sie es sich vorstellen, können Sie ganz beruhigt sein: Es gibt noch eine ganze Menge anderer Möglichkeiten, einem Hund ein bestimmtes Verhalten beizubringen. Und bestimmt ist eine darunter, die Ihnen und Ihrem Hund eher zusagt, als das bisher Versuchte. Es zeichnet einen guten Ausbilder aus, möglichst viele dieser Möglichkeiten zu kennen und so flexibel zu sein, sie auch je nach Bedarf einzusetzen. Die(!) Methode gibt es nun mal nicht!

Nun aber zurück zum Apportieren: Zuerst wollen wir uns klar machen, was genau wir damit dem Hund beibringen wollen. Eine Möglichkeit ist, dass ich den Hund neben mir absitzen lasse, einen bestimmten Gegenstand werfe, der Hund dann erst auf Kommando los-

Einzelschritte beim Apportieren

- Der Hund muss neben Ihnen sitzen können.
- Er muss sitzen bleiben können, wenn Sie den Apportiergegenstand wegwerfen.
- Er muss auf Ihr Zeichen zu dem Gegenstand hinlaufen.
- Das muss er auf unterschiedliche Entfernungen hin können.
- Er muss den Gegenstand dann in den Fang nehmen,
- mit dem Gegenstand im Fang zu Ihnen zurücklaufen,
- das möglichst zügig,
- sich mit dem Gegenstand im Fang vor Sie hinsetzen und
- Ihnen den Gegenstand auf Ihr Zeichen hin abgeben.

läuft, den Gegenstand aufnimmt, auf direktem Weg zu mir zurückkommt, sich mit dem Gegenstand im Fang vor mich hinsetzt und ihn – auf mein Zeichen hin – mir in die Hand gibt.

Es könnte auch der Fall sein, dass Sie es nicht für nötig halten, dass sich der Hund am Anfang und am Ende der Übung hinsetzt. Das ist egal. Wichtig ist nur, dass Sie für sich vorher genau definieren, was für ein Verhalten der Hund zeigen soll. Wenn Sie das einmal so festgelegt haben, sollten Sie auch konsequent dabei bleiben. Es würde den Hund nämlich nur verwirren, wenn er mal sitzen müsste und mal nicht.

Bleiben wir aber jetzt bei unserem oben genannten Beispiel. Nachdem Sie für sich die Aufgabe genau definiert haben, ist der nächste Schritt – immer noch ohne Hund – , die Übung in möglichst viele Unterschritte aufzuteilen. Je genauer Sie vorhin waren, umso einfacher ist das jetzt.

Neun einzelne Teile beinhaltet das auf den ersten Blick so einfach erscheinende Apportieren.

Jetzt erst kommt die Arbeit mit dem Hund. Ihre Aufgabe ist es jetzt zunächst einmal, ihm diese einzelnen Übungen beizubringen. Dabei konzentrieren Sie sich bitte wirklich auf diese einzelnen Schritte. Wenn Sie z.B. mit dem Hund üben, dass er neben Ihnen sitzen bleibt, wenn Sie z.B. einen Ball werfen, üben Sie nur das eine! D.h. Sie werfen den Ball, der Hund bekommt fürs Sitzenbleiben Klick und Leckerchen. Vielleicht geben Sie Ihrem Hund eine Hilfe, indem Sie ihn am Halsband festhalten, während Sie den Ball werfen. Vielleicht interessiert Ihren Hund dann auch das Leckerchen nicht, weil die schönste Belohnung in diesem Fall ist, dem Ball hinterherzujagen. Das ist dann auch in Ordnung. Das Klick beendet ja die Übung. Auch für Sie sollte die Übung an der Stelle beendet sein, auch

Verhaltenskette Apportieren: Ganz oben: Silas sitzt neben Michaela. Oben: Er bleibt sitzen, wenn das Bringsel geworfen wird. Rechts: Auf Befehl läuft er zügig hin und holt es. Unten: Schließlich sitzt Silas mit dem Bringsel vor, um es dann noch herzugeben.

wenn der Hund von sich aus schon andere Teilstücke des Apportierens anbietet. Aber alles zu seiner Zeit! Jetzt rufen Sie einfach wieder den Hund zu sich, wobei egal ist, ob er mit oder ohne Ball zurückkommt. Dann arbeiten Sie weiter an dem Sitzenbleiben, während Sie den Ball werfen.

Auf diese Art und Weise üben Sie alle einzelnen Teilschritte, bis Ihr Hund jeden für sich beherrscht. Die Reihenfolge ist dabei zunächst ganz unerheblich. Wie Sie sehen, setze ich jetzt schon einiges voraus, z.B.: Wie bringt man dem Hund bei, den Gegenstand ins Maul zu nehmen? Viele Hunde haben damit überhaupt keine Probleme, bei vielen ist es aber ein schwieriger Zwischenschritt. Wie würden Sie es also machen? Durch freies Formen oder durch Formen mit Hilfestellung? Die Prinzipien sind immer die gleichen. In unserem praktischen Beispiel wird eine Möglichkeit genauer erklärt. Aber denken Sie daran: Immer gibt es mehrere Möglichkeiten!

Wenn Sie nun alle diese Teilschritte für sich genommen dem Hund beigebracht haben, beginnt das Zusammensetzen der Kette. Dabei wird von hinten(!) angefangen. Das erste, was Sie jetzt mit dem Hund noch mal üben, ist das Hergeben eines Gegenstandes. (Um ihn hergeben zu können, muss der Hund ihn natürlich auch erst im Maul haben. Von daher lässt sich das Schema hier nicht 100%-ig einhalten.) Das Hergeben ist der letzte Schritt der Verhaltenskette und wird ganz toll belohnt. Jetzt erst werden die anderen Übungsteile eins nach dem anderen in umgekehrter Reihe aneinander gehängt. Der nächste Schritt ist demnach das Vorsitzen mit Gegenstand und dann das Hergeben. Zu diesem Zeitpunkt sollte Ihr Hund schon die variable Verstärkung kennen. Jetzt wird nämlich nicht mehr nach jedem Schritt belohnt, sondern nur noch nach dem letzten. Dadurch wird aber der letzte Schritt zum konditionierten positiven Verstärker für den vorhergehenden und immer so weiter.

(Hunde, die diese variable Verstärkung noch nicht kennen, könnten an dieser Stelle durcheinander kommen. Deshalb sollten Sie diese Art der Belohnung unbedingt vorher geübt haben.)

Wenn Sie auf diese Art und Weise die gesamte Verhaltenskette aufbauen, werden Sie vielleicht auch schon ahnen, weshalb sie rückwärts aufgebaut wird. Dadurch dass Sie mit dem letzten Schritt immer zuerst anfangen, üben Sie ihn daher auch am häufigsten. Dadurch wird der Hund diesen letzten Teilschritt am sichersten ausführen. Er arbeitet sich also von relativ unsicher ausgeführten Übungen zu immer sichereren vor. Das und dass die Belohnung erst am Ende kommt, hält eine Verhaltenskette in Gang. In einem unserer Kurse war ein Musiker mit seinem Hund. Als ich dieses Prinzip erklärte, erzählte er, dass sie im Orchester manche Stücke nach derselben Art und Weise lernen. So wird das Spielen immer sicherer und das Finale klappt am besten.

Wenn Sie vielleicht mal wieder etwas auswendig lernen müssen oder wenn Sie Kinder in der Schule haben, die ein Gedicht lernen sollen, versuchen Sie doch einfach mal, mit dem Lernen von hinten anzufangen. Sie werden überrascht sein, wie gut das geht! Sie wissen ja bereite: Die Lerngesetze gelten auch für Menschen.

▸ Belohnen einer Verhaltenskette

Sie haben bisher gelernt, dass die Verhaltenskette nach dem letzten Verhalten belohnt wird. Ist sie einmal ganz aufgebaut, ist es auch hier wichtig, auf variable Verstärkung umzusteigen. Wenn Sie die Verhaltenskette nämlich immer nach dem letzten Verhalten verstärken, haben Sie keine Möglichkeit, auf die Verhaltenselemente am Anfang oder in der Kette einzuwirken. Es könnte dann dazu kommen, dass der Hund die letzte Übung ganz gut macht, die vorherigen aber immer nachlässiger. Daher ist es wichtig, bei der variablen Belohnung die Kette immer mal wieder nach einem besonders guten Zwischenschritt zu unterbrechen und diesen positiv zu verstärken und nicht erst den letzten Schritt. Damit stellen Sie sicher, dass der Hund immer alle Einzelschritte gut ausführen wird, weil es ja auch dafür schon eine Belohnung geben könnte. Hier ist wieder ein sekundärer Verstärker wie der Klicker wichtig. Damit können Sie exakt den Teilschritt einfangen, den Sie auch belohnen wollen.

Sollte es dennoch dazu kommen, dass eine Übung in der Kette nicht korrekt ausgeführt wird, besteht eine Möglichkeit darin, die Verhaltenskette an dieser Stelle zu unterbrechen, sofern das möglich ist. Nehmen wir noch mal unser Beispiel. Der Hund bleibt nicht sitzen und wartet, bis er unser Kommando zum Apportieren bekommt. Wenn dies das Problem ist, können Sie ihn – wenn Sie schnell genug sind – am Halsband greifen, wenn er einen Frühstart hinlegt. Schaffen Sie es nicht, ihn zu fassen, wird er für sein inkorrektes Verhalten belohnt, indem er den

Eine weitere Verhaltenskette: Mogli holt die Zeitung.

Rest der Kette ausführen wird. Es nützt dann auch nichts, wenn er am Ende keine Belohnung bekommt, denn er weiß dann nicht, was er falsch gemacht hat. Wenn es also möglich ist, sollte man die Kette an der Stelle unterbrechen, wo der Fehler auftritt. In unserem Fall könnte jemand anderes den Ball fangen, um die Kette zu unterbrechen. Dann übt man am besten diesen Einzelschritt noch einmal separat, bevor man die Kette wieder zusammensetzt.

Da es oft schwierig sein kann, eine Verhaltenskette an der richtigen Stelle zu unterbrechen, kommt der variablen Belohnung eine besondere Bedeutung zu, damit es möglichst erst gar nicht zu Problemen kommt. Auch hier gilt der Satz: Eine Kette ist immer so stark wie ihr schwächstes Glied. Welches das schwächste Glied ist, stellt sich oft schnell heraus. Dann ist es wichtig, da besonderen Wert darauf zu legen, es öfter losgelöst von der Kette zu trainieren und in der Kette auch ruhig mal einen Jackpot dafür springen zu lassen, wenn dieser Teil gut klappt.

Üben einer Verhaltenskette: Zeitung holen

Bei dieser Übung handelt es sich um eine sehr umfangreiche, die Sie sich auch in kleinere Abschnitte aufteilen sollten. Die einzelnen Übungsschritte bieten sich dazu an.

Anhand dieses Beispieles wird die Verhaltenskette jetzt noch einmal erklärt. Welche Übung Sie mit Ihrem Hund machen wollen, bleibt Ihnen überlassen. Vielleicht lassen Sie ihn ja lieber die Fernbedienung vom Fernseher holen oder eine Dose Cola aus dem Kühlschrank, oder Sie üben lieber eine Übung aus der Unterordnung (Obedience), wenn Sie sich für diesen Sport begeistern, wie z.B. das Abrufen aus dem »Sitz Bleib« mit ordentlichem vorsitzen und anschließendem »Sitz« in der Grundstellung.

Alles das sind Verhaltensketten und werden nach demselben Prinzip dem Hund beigebracht.

1. Schritt: Sie müssen sich alle einzelnen Schritte der Verhaltenskette verdeutlichen! So unser Beispiel:

▸ Zum Briefkasten laufen, in dem die Zeitung ist (vorausgesetzt, er ist auf direktem Weg zugänglich).

▸ Die Zeitung aus dem Briefkasten nehmen.

▸ Mit der Zeitung in der Schnauze zu Ihnen kommen.

▸ Ihnen die Zeitung abgeben.

Im einfachsten Fall sind es vier Schritte. Muss der Hund noch eine Tür öffnen oder den Deckel vom Briefkasten, erhöht sich die Anzahl der Schritte entsprechend.

2. Schritt: Jede einzelne Übung der Verhaltenskette muss zunächst selbstständig geübt werden, bis der Hund sie beherrscht. Das machen Sie entweder durch freies Formen oder durch Formen mit Hilfestellung.

Eine Möglichkeit, dem Hund beizubringen, die Zeitung ins Maul zu nehmen, sieht über freies Formen im Einzelnen folgendermaßen aus:

Sie beginnen wie beim Berühren des Targetsticks: Zuerst gibt es für jeden Blick in Richtung der Zeitung einen Klick mit Leckerchen, dann nur noch fürs Berühren. Wenn auch das klappt, gibt es die Belohnung, wenn der Hund die Zeitung ansatzweise ins Maul nimmt, dann, wenn er sie richtig nimmt, dann, wenn er sie vom Boden hochhebt und schließlich, wenn er sie unterschiedlich lange hält. Bei so apportierfreudigen Hunden, wie z.B. den Retrievern, schafft man das Ganze eventuell schon in einer Übungssequenz. Es gibt aber auch Hunde, da brauchen Sie für diesen Teil der Übung Wochen. Nur Geduld! Ihr Hund bestimmt das Tempo.

3. Schritt: Die einzelnen Übungen werden in umgekehrter Reihenfolge aneinander gehängt. Also: Sie geben dem Hund die Zeitung ins Maul, lassen sie ihn wieder hergeben ✲ Klick und Belohnung; Sie geben ihm die Zeitung ins Maul, gehen einige Schritte rückwärts, lassen sich die Zeitung geben ✲ Klick und Belohnung; Sie legen die Zeitung vor dem Briefkasten auf den Boden, lassen den Hund sie holen, zu Ihnen bringen und abgeben ✲ Klick und Belohnung; Sie stecken

die Zeitung in den Briefkasten, lassen den Hund sie holen, zu Ihnen bringen und abgeben * Klick und ganz große Belohnung.

4. Die ganze Verhaltenskette bekommt einen Namen, in diesem Fall z.B. »Bring die Zeitung«.

5. Belohnt wird die Verhaltenskette für sehr lange Zeit jedes Mal. Denn der Hund führt in dem Fall schon mehrere einzelne Verhalten aus, die nicht speziell belohnt werden. Erst wenn er die ganze Verhaltenskette sozusagen im Schlaf beherrscht, wird hier auf variable Belohnung umgeschaltet. Das bedeutet dann auch, von Zeit zu Zeit ruhig wieder einmal genau an der Stelle zu verstärken, wo der Hund die Zeitung aus dem Briefkasten holt oder eine andere Stelle. Seien Sie flexibel und machen Sie Ihrem Hund die Übungen immer spannend! Dann wird er auch stets freudig für Sie arbeiten.

Anfangs wird Navajo für ein Anschauen der Zeitung belohnt ...

... dann werden die Kriterien allmählich erhöht. Hier nimmt sie die Zeitung schon ins Maul.

Laufsteg (Beispiel für Kontaktzonengerät im Agility-Sport)

Auch das Bewältigen eines solchen Gerätes kann man als Verhaltenskette von hinten her aufbauen. Das bringt in dem Fall den wichtigen Vorteil, dass der Hund kaum Probleme mit der Kontaktzone haben wird. Für diejenigen, die sich damit nicht auskennen: Bei solchen Kontaktzonenhindernissen muss der Hund beim Auf- und Abgang eine bestimmte Fläche mit mindestens einer Pfote berühren. Viele Hunde haben Probleme v. a. mit der »hinteren« Kontaktzone. Sie neigen dazu, sie zu überspringen. Das kann man ganz gut verhindern, indem man den Tieren dieses Hindernis als Verhaltenskette »rückwärts« beibringt.

Der erste Schritt sieht in dem Fall so aus, dass man den Hund auf die Kontaktzone hebt. (Mit schweren Hunden ist diese Methode natürlich nicht so geeignet!) Auf der Kontaktzone wird der Hund mit Leckerchen und/oder streicheln belohnt. Erst mit einem Freizeichen darf er den Laufsteg verlassen. Einmal vom Laufsteg herunter, bekommt der Hund kein Lob mehr! Nur auf der Kontaktzone gibt es all die guten Sachen!

Wiederholen Sie diesen Schritt einige Male. Der Hund sollte sich auf der Kontaktzone sichtlich wohl fühlen.

Sollte Ihr Hund es nicht gewohnt sein, von Ihnen hochgehoben zu werden, üben Sie das zunächst. Es könnte den Hund nämlich ansonsten ganz schön stressen, wenn Sie ihn hochheben und dann auf der Kontaktzone absetzen.

Im nächsten Übungsschritt wird der Hund in der Mitte des vom Laufsteg herunterführenden Brettes abgesetzt.

Auch der Laufsteg lässt sich als Verhaltenskette von hinten her trainieren: Zuerst setzt Brigitte Ihren Hund Polly auf die Kontaktzone und lobt ihn dort überschwänglich. Erst dann lässt Sie Polly von Mal zu Mal weiter vorne beginnen.

Viele Hunde brauchen Sie nun auf der Kontaktzone gar nicht mehr zu bremsen. Das tun sie von alleine, weil sie auf ihre Streicheleinheiten warten. Wieder werden sie auf der Kontaktzone ausgiebig gelobt und dürfen erst mit dem Freizeichen den Laufsteg verlassen. Sollten Sie einen sehr temperamentvollen Hund haben, können Sie ihn natürlich am Halsband halten, um ihm zu helfen. Aber auch wirklich nur dann. Greifen Sie nur ein, wenn Sie merken, dass der Hund nicht alleine stehen bleibt, ansonsten geben Sie keinerlei Hilfestellung.

Als Nächstes arbeiten Sie sich schrittweise immer weiter nach vorne, bis Sie den Hund schließlich alleine auf den Laufsteg hochlaufen lassen. Sie werden sehen, Sie haben dann einen Hund, der zuverlässig auf der Kontaktzone stoppt. Natürlich muss man dann später im Training auch immer wieder einmal auf das Stoppen Wert legen, sonst verlernt der Hund das irgendwann wieder. Wenn das aber gemacht wird, haben Sie mit der Kontaktzone keine Probleme. Das Gelernte kann der Hund übrigens auch leicht auf die anderen Kontaktzonen-Hindernisse übertragen.

Wie gesagt: Das ist eine mögliche Lösung zum Erlernen der Kontaktzonen. Es gibt noch viele andere. Man sollte sich das aussuchen, was einem selber und dem Hund am meisten liegt.

Auf einen Blick

- Eine Verhaltenskette ist eine Aneinanderreihung einzelner Übungen, wobei die vorhergehende jeweils das Signal für die folgende ist.
- Beim Training einer Verhaltenskette arbeitet man sich rückwärts von einer Übung zur nächsten.
- Es ist wichtig, in einer schon gut trainierten Verhaltenskette immer mal wieder einzelne Elemente zu verstärken, damit die Kette nichtzusammenbricht.

Strafe

In diesem speziellen Kapitel werden wir uns noch einmal ausführlich mit der Strafe beschäftigen. Denn leider ist die Strafe immer noch etwas, was viel zu häufig, ohne das nötige Hintergrundwissen und damit auch ohne Erfolg angewandt wird. Die Leidtragenden sind leider die Hunde (dasselbe gilt für alle Tiere, ja sogar Kinder!).

Das könnte jetzt bedeuten, dass man Strafe ruhig anwenden kann, wenn man das nötige Wissen darüber hat (Und das meinen leider viele von sich!). Aber um es gleich vorwegzunehmen:

Jede Art gewaltsamer Strafe, seien es Schläge, Tritte oder Dinge wie Stachelhalsband oder Elektroschock-Halsband, sind aus Tierschutzgründen unbedingt abzulehnen!

Nicht nur tierschutzrechtliche Gründe sprechen gegen die Anwendung solcher Maßnahmen, sondern auch lerntechnische Gründe. Es besteht eine ganz große Gefahr bei der Anwendung solcher Formen von Strafe, wie wir später noch sehen werden.

Warum meint nur jeder, es ginge nicht ohne Strafe? Wir sind es leider alle nicht anders gewohnt. Unsere ganze Gesellschaft benutzt Strafe als etwas ganz Normales. Schon als Kinder werden wir gestraft, wenn wir etwas falsch machen; in der Schule gibt es die Strafarbeiten, später dann die Bußgelder, die einen z.B. für das Nichtbeachten der Regeln im Straßenverkehr bestrafen. Die Gefängnisse sind voll von Straftätern. Aber seien Sie mal ehrlich: Haben Sie das Gefühl, all das bringt etwas? So einfallsreich, wie die Menschheit schon immer im Erfinden von Strafmaßnahmen war (wofür die Folterkammern erschreckende Beispiele sind), müsste man doch annehmen können, dass man die Menschen damit so erziehen kann, dass diese Maßnahmen nicht mehr nötig sind. Aber das ist nicht der Fall.

Vielleicht gelingt es mit den Erfolgen aus der Tierausbildung, ein Umdenken herbeizuführen. Kürzlich schlug ein Minister vor, Autofahrer für vorbildliches Benehmen zu belohnen. Ob der einen Berater hat, der sich in der modernen Ausbildung von Tieren auskennt?

TIPP
Die positive Verstärkung funktioniert auch beim Menschen. Versuchen Sie es doch einfach mal!

Womit wir wieder bei den Hunden wären: Selbst, wenn Sie sich zu denen zählen, die ihren Liebling sowieso nie strafen würden, sollten Sie sich mit dem Thema beschäftigen. Als so genannter Multiplikator können Sie dazu beitragen, dieses Wissen weiterzuverbreiten, um damit das Leben vieler Hunde angenehmer zu machen. Außerdem sollten die vielen Tiere, die in den wissenschaftlichen Laboren bei der Erforschung der Strafe und ihrer Auswirkungen geholfen haben, das nicht umsonst gemacht haben. Die Erkenntnisse, die dabei gefunden wurden, sollten endlich Einzug in die Köpfe der Menschen halten, womit ich nicht nur die der Hundeausbilder meine.

Um aber über ein Thema zu sprechen, muss zunächst mal sichergestellt sein, dass auch jeder dasselbe darunter versteht.

Was ist Strafe?

Rein wissenschaftlich gesehen ist Strafe – oder besser negativer Verstärker – etwas, was die Wahrscheinlichkeit, dass ein bestimmtes Verhalten in Zukunft auftritt, verringert. Das passiert entweder durch die Präsentation eines aversiven (= unangenehmen) Stimulus oder durch das Entfernen eines angenehmen Stimulus.

Das hört sich natürlich sehr wissenschaftlich an. Da Sie jedoch durch das Kapitel Lob und Strafe schon einige Vorkenntnisse haben, wollte ich Ihnen diese Definition nicht vorenthalten.

Jetzt aber noch einmal im Klartext: Durch das Zufügen von etwas Unangenehmem oder das Entfernen von etwas Angenehmem entstehen Gefühle wie Angst und Panik, bzw. Enttäuschung und Frust. Beide Male wird die Wahrscheinlichkeit, dass das vorhergehende Verhalten in Zukunft auftritt, verringert.

Erinnern Sie sich: Wenn die Wahrscheinlich, dass ein Verhalten häufiger auftritt, erhöht wird, handelt es sich um eine positive Verstärkung.

Für einen, der nicht gewohnt ist, mit diesen Begriffen in dieser Weise umzugehen, ist das ziemlich verwirrend. Diese anfängliche Verwirrung ist aber ganz verständlich. Sie wissen ja inzwischen, wie das mit den Assoziationen im Gehirn abläuft. Sie können sozusagen gar nicht anders. Auch in Ihrem Gehirn müssen sich erst einmal die entsprechenden Verknüpfungen bilden.

Ich werde noch einmal für jeden Fall Beispiele aus dem alltäglichen Leben bringen. Dinge, die man schon am eigenen Leib erfahren hat, sind einleuchtender.

Negative Verstärkung kennt jeder, der in der Kindheit schon mal einen Klaps von seinen Eltern bekommen hat. Das ist die Strafarbeit, die man in der Schule schreiben muss oder das Brüllen des Chefs, wenn einem ein Fehler unterlaufen ist.

Negative Verstärkung ist z. B. der Stubenarrest. Das Angenehme, nämlich draußen spielen zu dürfen, wird entfernt.

Streng genommen dürfte man in all diesen Fällen als Strafe im wissenschaftlichen Sinn jedoch nur sehen, was auch wirklich in der Lage war, das vorhergehende Verhalten in seiner Auftrittshäufigkeit zu verringern!

Positive Verstärkung kann ein Lob sein von den Eltern oder eine Extra-Geldprämie vom Arbeitgeber, vorausgesetzt, es erhöht die Wahrscheinlichkeit, dass das vorhergehende Verhalten öfter auftritt, sonst handelt es sich eben nur um eine Belohnung.

Eine positive Verstärkung kann auch Folgendes sein: Vielleicht haben Sie das schon am eigenen Leib erfahren, wenn Sie Kopfschmerzen hatten und eine Schmerztablette dagegen genommen haben. Die Kopfschmerzen verschwinden und die Wahrscheinlichkeit, dass Sie das nächste Mal wieder zur Tablette greifen, ist erhöht.

Positiv verstärkt wird auch die Mutter, die ihrem schreienden Kind endlich die gewünschten Süßigkeiten kauft. Das Kind hört auf zu schreien, damit verschwindet etwas Unangenehmes und die Wahrscheinlichkeit, dass die Mutter dem Kind auch beim nächsten Schreien etwas kauft, ist erhöht.

Nach diesen Beispielen sind Ihnen die Begriffe nun schon etwas geläufiger. Und wenn ich Ihnen jetzt erzähle, dass dieses Kapitel zum großen Teil von etwas handelt, was streng genommen gar keine Strafe, nämlich negative Verstärkung ist, werden Sie verstehen, was ich meine. Bei einem Hund, der schon fast sein Leben lang mit einem Stachelhalsband rumläuft, kann man nicht davon sprechen, dass die Wahrscheinlichkeit, dass er am Halsband zieht, verringert wurde.

Was jedoch passiert, ist, dass sein Besitzer bei der Anwendung des Stachelhalsbandes positiv verstärkt wird; denn das unangenehme An-der-Leine-Ziehen lässt in dem Moment nach. Sie bekommen eine Ahnung, wie sehr auch wir Menschen in dieses System von positiver und negativer Verstärkung verstrickt sind.

Ein so an der Leine ziehender Hund ist nicht nur lästig, das kann auch gefährlich werden. Achten Sie darauf, ein solches Verhalten nicht unabsichtlich zu fördern.

So ist also die Strafe wissenschaftlich definiert. Ich denke, Sie bekommen eine Idee davon, dass das Thema Strafe viele auch interessante Fassetten hat, über die man normalerweise gar nicht nachdenkt. Der Amerikaner Steven Lindsay beschreibt das in seinem Buch ganz schön: »Strafe ist eine unausweichliche Tatsache des Lebens. Aus Sicht der Verhaltensforschung ist Strafe überall.... Zusammengenommen bilden das Ausweichen vor unangenehmen – und das Erreichen-Wollen von belohnenden Dingen das Yin und Yang des Verhaltens.«

Wer als Ausbilder das Verhalten des Hundes ändern will, sollte sich mit diesem Thema auskennen.

▸ Verhalten belohnen – Unangenehmes entfernen

Wird etwas Unangenehmes entfernt, entsteht das Gefühl von Erleichterung. Auch das ist eine Belohnung, eine positive Verstärkung.

Wenn der Hund zieht, bleiben Sie jedes Mal stehen …

Obwohl das also keine Strafe ist, wird es in diesem Kapitel mit besprochen, weil hiermit viele für den Hund oft sehr schmerzhafte Fehler gemacht werden.

Das praktische Beispiel ist der Hund, der sich auf Kommando hinsetzt, damit er dem sonst folgenden Leinenruck ausweicht. Der Leinenruck kommt also nicht. Das Verhalten des Hundes ist positiv verstärkt und wird in Zukunft häufiger auftreten.

Ausbilder, die dieses System verwenden, glauben dann, die Hunde tun das ihnen zum Gefallen. Sie wissen es jetzt besser!

Voraussetzung für diese Art der Ausbildung ist erst einmal ein Zufügen von etwas Unangenehmem, was das Tier dann zu vermeiden versucht.

Dieses Meideverhalten wurde an Ratten in einer so genannten Shuttle-Box erforscht. Diese besteht aus zwei Abteilen, wobei man den Boden des einen Abteils unter Strom setzen kann. Passiert das, lernen die Ratten schnell, sich in das andere Abteil zu retten. Wenn der Stromstoß dann mit einem Ton, der kurz vorher ertönt, verknüpft wird, lernen die Ratten, den Strom zu vermeiden. Dasselbe gilt auch für Hunde.

So ein Meideverhalten, wenn es einmal aufgebaut ist, ist dann nur schwer wieder zu löschen, auch wenn die Tiere so erfolgreich sind im Vermeiden des Stromstoßes, dass sie kein weiteres Erlebnis mehr mit dem Strom haben.

Das ist im Gegensatz zu anderen Verhaltensweisen, die bei Nicht-Bestärkung relativ schnell wieder gelöscht werden, eine Eigentümlichkeit des Meideverhaltens. Aus demselben Grund sind auch Ängste und Phobien oft nur schwer zu behandeln.

Es handelt sich bei der Ausbildung über Meideverhalten also durchaus um etwas, was funktioniert. An Stelle des Tones für die Ratten in der Shuttle-Box, ist für die Hunde das Kommando das Warnsignal.

Wichtig ist dann aber, dass das Warnsignal auch jedes Mal(!) dem Leinenruck vorausgeht. Sonst kann der Hund die Verknüpfung nicht herstellen. Ist man in der Ausbildung aber konsequent und macht es vor allem richtig, braucht man nach einigen Wiederholungen keinen Leinenruck mehr. Und wie wir oben gehört haben, sind diese Verhaltensweisen dann nur sehr schwer zu löschen. Das heißt, man muss den Leinenruck, wenn überhaupt, nur ganz selten wiederholen.

Ist man aber nicht konsequent, kann man auch viel Unheil anrichten (siehe Kapitel: Verhängnisvolle Folgen falsch angewandter Strafe, Seite 90).

Nun aber noch ein praktisches Beispiel:

Nicht an der Leine ziehen

Ist man konsequent, lernt ein Hund innerhalb kurzer Zeit, nicht an der Leine zu ziehen. Sie bleiben einfach jedes Mal(!) stehen, wenn der Hund zieht. Ein Extra-Kommando ist nicht notwendig, weil die angespannte Leine zum Signal wird. Sie gehen erst weiter, wenn sich die Leine – wenn auch nur zufällig – wieder lockert.

Sie brauchen den Hund dann auch nicht weiter zu belohnen. Denn das Weitergehen ist Belohnung genug, vor allem, wenn Sie dann mit dem Hund gehen, wohin er will. Es kann zwar sein, dass Sie so während der ersten Übungseinheit nicht sehr weit kommen, aber verlassen Sie sich darauf – Ihr Hund lernt, was gemeint ist.

Wichtig ist nur, dass Sie auch konsequent sind! Im alltäglichen Leben ist das jedoch gar nicht so einfach. Dann muss man vielleicht schnell irgendwohin und hat weder Lust noch Zeit, beim Ziehen an der Leine sofort stehen zu bleiben, bis diese sich wieder lockert. Wenn der Hund dann aber trotz Ziehen weiterkommt, ist das eine variable Verstärkung für sein Ziehen und es ist ihm dann umso schwerer abzugewöhnen.

Diese Schwierigkeit kann man umgehen, indem man das konsequente Üben mit einer bestimmten Leine macht. Die sollte sich deutlich von der Alltagsleine unterscheiden. Der Hund lernt diese Unterscheidung schnell.

Für Sie hat das den Vorteil, ihre Konsequenz zu üben. Schon bald wird der Hund aber gelernt haben, dass er dieses lästige Stehenbleiben vermeiden kann, indem er darauf achtet, dass sich die Leine nicht anspannt. Wenn der Hund das Nichtziehen mit der speziell dafür gewählten Übungsleine beherrscht, lassen Sie die andere Leine einfach an ihrem Haken hängen.

Negative Verstärkung – Unangenehmes zufügen

Folgt auf ein Verhalten des Hundes etwas Unangenehmes für ihn, wird die Wahrscheinlichkeit, dass er sich wieder

... und wenn die Leine locker ist, gehen Sie sofort weiter.

so verhält, geringer. Was jetzt das Unangenehme ist, ob es nur ein lautes Wort, eine schlimme Tracht Prügel oder ein vorenthaltenes Leckerchen ist, ist dabei egal. All das ist negative Verstärkung, also Strafe. Leider wird jedoch tagtäglich eine Strafe angewandt, die eben laut Definition keine ist. Die Hundebesitzer schimpfen immer wieder mit ihrem Vierbeiner, aber das Verhalten, um das es geht, zeigt der Hund über Jahre. Dem Hund werden völlig sinnlos unangenehme Dinge zugefügt. In meinen Augen grenzt das an Tierquälerei.

Jetzt wollen wir uns ansehen, was bei Anwendung negativer Verstärkung wichtig ist:

Erst einmal ist zu sagen, dass sie funktioniert. Bei richtiger Anwendung

Strafe richtig anwenden

- Die Strafe muss, genau wie die Belohnung auch, auf die Sekunde erfolgen! Schon zwei Sekunden nach dem unerwünschten Verhalten verknüpft der Hund nicht mehr das, was man eigentlich beabsichtigt hat. Die Strafe ist dann bestenfalls wirkungslos, aber meistens hat sie negative Auswirkungen (siehe Seite 90).
- Die Strafe muss immer(!) dem unerwünschten Verhalten folgen! Ist das nicht der Fall, wird das Verhalten, das ja für den Hund irgendwie belohnend sein muss (sonst würde er es nicht zeigen), variabel positiv verstärkt, und es ist dann viel schwerer zu unterbinden.
- Deshalb muss man sich überlegen, ob man auch wirklich in der Lage und vor allem immer da ist, ein bestimmtes Verhalten zu bestrafen. Wenn das nicht der Fall ist, sollte man die Finger davon lassen. Man macht sonst mehr falsch als richtig.
- Die Strafe muss hart genug sein, das unerwünschte Verhalten sofort zu unterbinden. Das ist nun relativ: Bei manchen Hunden reicht ein lautes Wort, bei anderen müsste schon eine Bombe in der Nachbarschaft einschlagen, damit sie von ihrem Tun ablassen. Das ist nur sehr schwer abzuschätzen. Viele Leute machen leider den Fehler und fangen mit einer leichten Strafe an und steigern diese dann allmählich, weil sie nicht wirkt. Damit erreichen sie nur einen Gewöhnungseffekt. Das macht es noch schwerer, das unerwünschte Verhalten zu unterbinden; und wollte man es dennoch auf diese Art machen, braucht man eine viel stärkere Strafe, als ursprünglich zum selben Zweck notwendig gewesen wäre. Sie ahnen jetzt schon, wie schwierig das alles ist und dass es in den meisten Fällen besser ist, auf Strafe zu verzichten.

kann man unerwünschtes Verhalten damit schnell und dauerhaft unterdrücken. Das wurde an unzähligen Laborexperimenten gezeigt.

TIPP

Gewöhnen Sie sich an, nicht den Hund, sondern das unerwünschte Verhalten zu bestrafen. Das macht einen entscheidenden Unterschied!

Außerdem muss es nichts Grausames und Brutales sein. Manchmal ist Strafe notwendig und es ist wichtig zu wissen, wie man sie effektiv und human einsetzt.

Als Faustregel kann man sagen:

Wenn man eine Strafe öfter als zweimal anwenden muss, um ein bestimmtes Verhalten zu unterdrücken, ist die Strafe falsch angewandt!

Es muss sicher sein, dass die Strafe auch wirklich eine Strafe ist! Oft empfindet der Hund das nämlich ganz anders als wir.

Z.B. will jemand seinem Hund das Bellen abgewöhnen, wenn es an der Tür klingelt. Aus Herrchens Sicht schimpft er laut mit dem Hund, während er zur Tür geht. Aus Sicht des Hundes bellt Herrchen genau wie er, weil es ja an der Tür geklingelt hat. Und im Rudel bellt man eben gemeinsam.

Ein anderes Beispiel ist das Bestrafen beim Anspringen: Aus Frauchens Sicht versucht sie ihren Hund jedes Mal beim Anspringen zu bestrafen, indem sie ihn wegstößt oder ihr Knie in seinen Bauch stoßen will. Aus Sicht des Hundes ist das ein schönes Spiel, was Frauchen da mit ihm spielt.

Die Strafe sollte möglichst so angewendet werden, dass sie für den Hund durch sein Verhalten aus seiner Umgebung erfolgt. Der Hund sollte sie nie mit seinem Menschen in Verbindung bringen, damit das Vertrauen nicht gestört wird. Sonst lernt der Hund, dass man manche Dinge besser nur macht, wenn Frauchen oder Herrchen nicht da sind.

Einem Hund, der vom Tisch klaut, kann man z.B. einen Köder auslegen, der mit ein paar Rappelbüchsen (mit Kieselsteinen gefüllte Getränkedosen) verbunden ist. Beim Klauen gibt es dann auf einmal ein Riesengetöse, wenn die Büchsen auf den Boden fallen. Das sollte den Hund für die Zukunft vom Klauen abhalten. (Aus Sicht des Hundes klaut er übrigens nicht. Das, was die ranghöheren Rudelmitglieder übrig lassen, kann man sich ruhig nehmen.)

Verhängnisvolle Folgen falsch angewandter Strafe

Falsch angewandte Strafe kann in mehreren Bereichen schlimme Folgen haben, und zwar für das Lernen, für die Psyche des Hundes, für die Mensch-Hund-Beziehung und für die Umwelt.

FÜR DAS LERNEN ▸ Eine Strafe erzeugt Stress und unter Stress kann man nicht lernen! Das ist es ja aber, was man eigentlich beabsichtigt, dass der Hund etwas lernen soll. (siehe hierzu auch Seite 110: Stress)

FÜR DIE PSYCHE DES HUNDES ▸ Kann der Hund nicht verknüpfen, weshalb er gestraft wird, geschieht für ihn die Strafe aus heiterem Himmel. Erfolgt aber so unvorhersehbar etwas Unangenehmes, was man nicht unter Kontrolle hat, macht das Angst. Die Hunde werden unsicher. Sie wagen es nicht mehr, irgendetwas zu machen. Das könnte ja wieder ein Auslöser für eine Strafe sein.

All das sind Zeichen von Unsicherheit ...

Das kann bis zur **Learned Helplessness** (erlernte Hilflosigkeit) führen. Das ist ein Phänomen, das auch im Versuchslabor entdeckt wurde. Durch für die Hunde unvermeidbare und unkontrollierbare Strafen hörten sie schließlich auf, überhaupt zu reagieren. Bei Stromstößen lagen sie ängstlich, aber unbeweglich auf dem stromführenden Boden. Auch als sie wieder die Chance bekamen, sich zu retten, unternahmen sie in dieser Hinsicht keinen Versuch mehr. Denn schließlich hatten sie bisher gelernt, dass ja doch alles keinen Zweck hat. Diese Hunde haben aufgegeben.

Diese Learned Helplessness wird aber leider nicht nur im Labor erzeugt. Auch viele Hunde leiden darunter. Denn das schlechte Timing und die Inkonsequenz vieler Hundehalter stellen fast dieselben Bedingungen dar, wie sie die armen Hunde im Labor erlebten.

FÜR DIE MENSCH-HUND-BEZIEHUNG ▸ Der Hund wird zu einem Menschen, der ihn scheinbar grundlos oder viel zu heftig schlägt, nie wirkliches Vertrauen aufbauen können. Immer hat er Angst. Vielleicht wird er auch aggressiv; denn das ist eine Möglichkeit, auf die Angst zu reagieren. Wie viele solcher Hunde wurden schon als bissig eingeschläfert, die sich »nur« gegen die unfaire Behandlung gewehrt haben.

Zum Glück (oder vielleicht doch nicht?) sind die meisten Hunde hart im Nehmen. Sie werden eben schon seit Jahrhunderten gezüchtet, um mit dem Menschen auszukommen. Sie lassen sich schon eine ganze Menge gefallen. Aber muss das wirklich sein? Es geht auch anders!

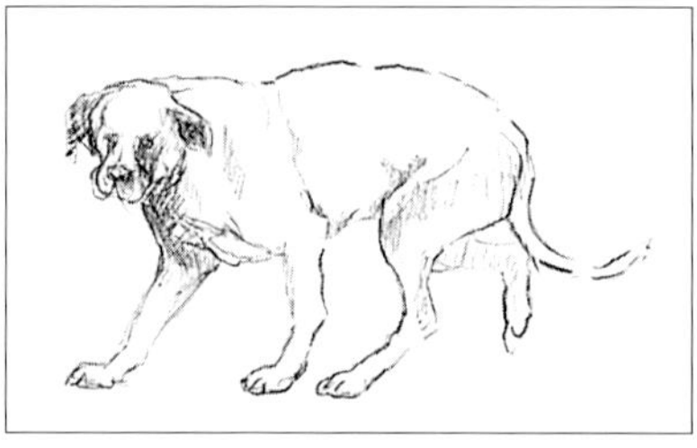

FÜR DIE UMWELT ▸ Wir können nie vorhersagen, was der Hund im Moment einer Strafe verknüpft. Verknüpft er den Schmerz mit dem Kind, das er gerade vorbeigehen sieht? Oder verknüpft er den Schmerz mit dem Hund, der ihm im Moment der Strafe entgegenkommt? In diesem Fall verallgemeinern Hunde sehr schnell.
Man kann sich so ein Aggressionsproblem mit entgegenkommenden Hunden unbeabsichtigt selbst aufbauen. Das passiert in der Tat sehr häufig. Ganz oft erzählen die Leute mir: » Ohne Leine ist er ganz friedlich. Aber an der Leine ...«

Drehen Sie sich weg, wenn der Hund Sie anspringt ...

▸ Negative Verstärkung – Entzug von Angenehmem

Als Konsequenz auf ein bestimmtes Verhalten wird etwas Angenehmes entfernt. Daraufhin wird das Verhalten in Zukunft weniger wahrscheinlich.

Es handelt sich dabei um eine Strafe, welche die meisten Leute anwenden, ohne zu wissen, dass sie damit strafen. Wenn der Hund gewohnt ist, für eine bestimmte Übung ein Leckerchen zu bekommen, und er bekommt dann keines, ist das streng genommen eine Strafe.

Eine ähnliche Strafe, also negative Verstärkung, ist es für den Hund auch, wenn man die Übungsstunde beendet und damit dem Hund die Aufmerksamkeit entzieht. Deshalb sollte man eine Übung nie einfach zwischendrin abbrechen, sondern immer mit einer gut gelungenen Aufgabe und viel Lob beenden.

Wenn man diese Art der Strafe bewusst – z.B. in Form von Aufmerksamkeit entziehen – anwendet, ist sie sehr gut geeignet, unerwünschtes Verhalten zu unterbinden. Denn unsere Hunde sind sehr soziale Tiere. Sie brauchen Aufmerksamkeit und Gesellschaft.

▸ Abgewöhnen von Anspringen

Diese Übung können Sie natürlich nur machen, wenn Ihr Hund die Angewohnheit hat, Sie zur Begrüßung anzuspringen und Sie ihm das auch abgewöhnen wollen.

Der Hund springt Sie an, weil dieses Verhalten ein Überbleibsel aus seinemWelpenverhalten ist. Die Welpen springen der Mutterhündin zur Begrüßung an die Mundwinkel, um sie zum Vorwürgen von Futter zu animieren. Dieses Mundwinkellecken wird später als Beschwichtigungsgeste übernommen. Da die menschlichen Mundwinkel etwas höher liegen, muss der Hund uns anspringen, um daran zu kommen. Aus seiner Sicht zeigt er also damit wieder ein völlig normales Verhalten, das für uns jedoch in den meisten Fällen inakzeptabel ist. Das müssen wir dem Hund so deutlich machen.

... und loben Sie ihn augenblicklich, wenn er alle Füße auf dem Boden hat.

Eine sehr erfolgversprechende Möglichkeit ist die negative Verstärkung, indem man also dem Hund die Aufmerksamkeit entzieht, wenn er einen anspringt. Sie wissen noch: Aufmerksamkeit entziehen heißt: Nicht angucken, nicht anfassen und nicht anreden! Lassen Sie sich gegebenenfalls von einem Beobachter korrigieren; denn das ist zunächst gar nicht so einfach.

Sobald der Hund wieder alle Füße auf dem Boden hat, bekommt er aber wieder alle Aufmerksamkeit, sie freuen sich mit ihm, streicheln ihn und reden mit ihm. Vielleicht haben Sie auch noch ein Leckerchen.

Dabei lernt der Hund: »Durch Anspringen erreiche ich seltsamerweise nicht, was ich haben möchte. Die Menschen sind schon komisch. Aber wenn ich mit den Füßen am Boden bleibe, dafür werde ich belohnt.«

Sie wenden die negative Verstärkung an, wenn der Hund Sie anspringt und die positive Verstärkung, wenn er alle Füße auf dem Boden hat. Wenn Sie konsequent sind, hat der Hund wahrscheinlich nach nur wenigen Versuchen verstanden, was Sache ist.

Das muss er dann noch generalisieren (= verallgemeinern), indem er dasselbe Spielchen mit einigen eingeweihten Personen macht. Dann ist ihm bald klar, dass das Anspringen im Reich der Menschen unerwünscht ist.

▸ Auszeit

Eine weitere sehr wirkungsvolle negative Verstärkung ist die Auszeit. Dabei wird dem Hund unsere Aufmerksamkeit entzogen.

Es handelt sich hier um eine sehr wirkungsvolle Methode, einige unerwünschte Verhaltensweisen abzustellen, die verglichen mit anderen Formen von Strafe relativ wenig unangenehme Nebenwirkungen hat.

Man muss allerdings einiges beachten, um die Auszeit als wirkungsvolles Werkzeug anzuwenden.

Wie Sie oben schon gelesen haben, ist Gesellschaft für die Hunde sehr wichtig, um nicht zu sagen lebenswichtig. Hunde, die allein gelassen werden, besonders in einer fremden Umgebung, fühlen sich unwohl. Das kann sich zeigen in leichtem Unbehagen bis hin zu richtiger Panik. So kann schon eine kurze Isolation des Hundes so unangenehm für ihn sein, dass man damit unerwünschtes Verhalten kontrollieren kann. In Laborversuchen wurde herausgefunden, dass Hunde auf eine kurze Auszeit von einer Minute genauso reagierten wie auf einen Elektroschock von einer halben Sekunde Länge und einem Milliampere Stärke. Sie sehen also, wie wirksam solche anscheinend harmlosen Maßnahmen sind und wie bedacht sie daher auch angewendet werden müssen!

WAS MUSS MAN BEACHTEN? ▶ Wichtig ist, dass die Ausbildung überwiegend auf einer für den Hund angenehmen Art und Weise ausgeführt wird. Dann ist es nämlich für den Hund auch wirklich eine negative Verstärkung, wenn ihm die Gelegenheit, sich etwas zu verdienen, verwehrt wird. Wird in der Ausbildung viel mit aversiven (=unangenehmen) Methoden gearbeitet, kann es für den Hund unter Umständen eine Belohnung sein, wenn er mal für kurze Zeit dieser Situation entfliehen kann.

Auch hierbei ist das Timing von entscheidender Bedeutung. Bei Auftreten des unerwünschten Verhaltens muss auf die Sekunde reagiert werden, damit der Hund weiß, wofür er bestraft wird. Wichtig ist wieder: Sie bestrafen ein Verhalten und nicht den Hund!

Außerdem muss die eigentliche Strafe mit dem Verhalten verknüpft werden können. Das erreichen Sie auf folgende Weise: Das unerwünschte Verhalten markieren Sie mit einem Wort, z.B. »Ende«. Dabei fassen Sie den Hund am Halsband, bzw. halten die Leine etwas auf Spannung und bringen den Hund so in sein Arrestzimmer. Bis dahin sollte die Leine gespannt sein. Sie brauchen nicht an der Leine zu rucken und dem Hund Schmerzen zufügen, sondern Sie sollen dem Hund damit nur ein Zeichen geben. Die gespannte Leine überbrückt dann die Zeit von dem markierten unerwünschten Verhalten bis zur eigentlichen Auszeit.

Sie können als Marker für das unerwünschte Verhalten auch einen Ton nehmen, den Sie dann anhalten bis zur Auszeit. Wichtig ist nur, dass Sie dem Hund auch wirklich deutlich machen: Das ist das unerwünschte Verhalten, und die Auszeit ist genau dafür die Konsequenz!

Genau wie beim Konditionieren des Klicker braucht der Hund auch hierfür erst einmal einige Wiederholungen, bevor er versteht, was gemeint ist.

Die Dauer der Auszeit braucht gar nicht lang zu sein. Schon ein bis zwei Minuten reichen vollkommen aus. Danach sollte man den Hund wieder in die ursprüngliche Situation nehmen und ihm ein alternatives Verhalten zeigen, was man dann verstärken kann. Reagiert er wieder auf unerwünschte Art, wird die Auszeit wiederholt.

Als Ort für die Auszeit kann man zum Beispiel einen Zaunpfosten benutzen. Daran wird der Hund dann angebunden, so dass er bequem sitzen und stehen, sich aber nicht hinlegen kann. Zu Hause kann man den Hund für die Auszeit z.B. ins Badezimmer sperren. Gut ist es, wenn er auch da z.B. an den Türgriff angebunden wird, damit er nicht herumläuft. Hierbei ist allerdings Voraussetzung, dass er nicht an der Tür kratzt. Dann sucht man sich besser ei-

Die Auszeit ist eine nicht zu unterschätzende negative Verstärkung.

nen anderen Platz, an dem man den Hund anbinden und er keinen Schaden anrichten kann.

Und denken Sie daran: Die Auszeit sollte wirklich nicht länger als ein bis zwei Minuten dauern!

▸ Kleinstmögliche Belohnung

Will man in der Ausbildung den Hund für einen Fehler korrigieren, vorausgesetzt es ist wirklich ein Fehler des Hundes, ist die Anwendung der kleinstmöglichen Belohnung die beste Möglichkeit. Erinnern Sie sich an unsere Motivationsskala? Die kleinstmögliche Belohnung liegt also knapp rechts vom Nullpunkt.

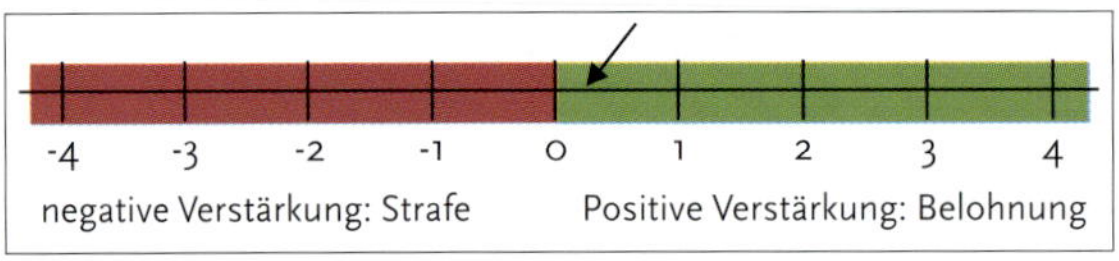

Die kleinstmögliche Belohnung auf der Motivationsskala. Ziel ist es, gerade noch im Bereich der positiven Verstärkung zu bleiben.

Praktisch sieht das z. B. so aus, dass Sie auf das fehlerhafte Verhalten des Hundes hin drei bis vier Sekunden gar nichts(!) machen. Sie entziehen dem Hund also nicht die Aufmerksamkeit, schimpfen nicht mit ihm oder sonst was, sondern tun einfach gar nichts. Dafür ist es natürlich wichtig, dass Sie mit Ihrem Hund eine Verständigung aufgebaut haben, die klar und eindeutig ist. Besonders sensible Hunde reagieren ganz ausgezeichnet darauf. Wenn Sie mit Ihrem Hund also schon erfolgreich mit Falsch-Signal oder Auszeit arbeiten, dabei aber das Gefühl haben, der Hund ist doch nicht so richtig mit Spaß bei der Sache (was kein Wunder ist, denn es handelt sich schließlich um negative Verstärkungen), dann versuchen Sie es mit der kleinstmöglichen positiven Verstärkung in diesem Fall. Vielleicht verschwindet das fehlerhafte Verhalten nicht ganz so schnell, aber Ihr Hund ist weiterhin sehr motiviert bei der Arbeit. Und das ist die Hauptsache.

▸ Erziehungsmethoden beurteilen

Nachdem Sie jetzt einiges über Strafe gelesen haben, sind Sie sicher in der Lage, Erziehungsmethoden einigermaßen zu beurteilen. Wichtig ist eben, dass die jeweilige Methode funktioniert und dass es den Hunden dabei gut geht. Einmal bekam ich einen Hund vorgestellt, der mit Leinenruck ausgebildet wurde. Der ging genauso freudig an lockerer Leine, wie die vielen Hunde, die das Glück haben, über positive Ausbildungsmethoden ausgebildet zu werden. Es machte richtig Spaß, Hund und Halter bei der Arbeit zuzusehen. Als wir über die Ausbildungsmethode diskutierten, wollte sich dieser Mensch verteidigen und sagte: »Wie oft rucke ich an der Leine? Ist es einmal im Monat? Mehr nicht!« Da sieht man es: Richtig angewandt wirkt Strafe, also negative Verstärkung. Der Mann hatte aber auch das Timing und die Konsequenz, und der Hund konnte sich ohne Probleme darauf einstellen. In diesem Fall wurde außerdem mit viel Lob für das richtige Verhalten gearbeitet.

Vermeiden Sie Ausbildungen, wo mit Angst und Stress gearbeitet wird. Es bringt nämlich nicht nur nichts, es schadet teilweise massiv!

▸ Unerwünschtes Verhalten ändern

In diesem Kapitel will ich nicht sämtliche unerwünschten Verhaltensweisen aufzählen und beschreiben, wie Sie diese ändern können. Das Handwerkszeug dafür haben Sie in diesem Buch bekommen. Nun gilt es, das Gelernte anzuwenden.

Lassen Sie uns noch einmal die wichtigsten Dinge wiederholen.

Wenn Sie ein unerwünschtes Verhalten haben, müssen Sie zunächst einmal versuchen, es so gut es geht zu verstehen. Wie ist es entstanden? Ist es ein für den Hund normales Verhalten, dass mir aber nicht gefällt? Wie wird es positiv verstärkt, also aufrechterhalten? Ist der Hund körperlich gesund oder ist das Verhalten durch eine Krankheit bedingt? Diese Frage klären Sie dann mit Ihrem Tierarzt.

Wenn diese Fragen alle geklärt sind und der Hund gesund ist, suchen Sie sich ein »Werkzeug« aus den vielen Möglichkeiten heraus und wenden es für den Fall an. Überlegen Sie sich möglichst viele Behandlungsmethoden. Dann wenden Sie diejenige an, die Ihnen am meisten zusagt. Vielleicht können Sie auch mehrere kombinieren, um noch eher Erfolg zu haben. So können Sie versuchen, den positiven Verstärker für das unerwünschte Verhalten abzustellen, wenn Sie ihn gefunden haben; Sie können den Hund einfach durch »Management« daran hindern, das Verhalten zu zeigen (ein Hund an der Leine kann z.B. nicht wildern!) oder Sie können ein alternatives Verhalten aufbauen. Erst wenn Sie das alles in mehreren Varianten lange genug versucht haben und dann immer noch erfolglos sind (was ich mir kaum vorstellen kann!), könnte man eventuell über eine Strafe, d.h. eine negative Verstärkung nachdenken.

Vielleicht ist Ihnen das aber auch alles zu kompliziert und Sie wenden sich lieber an einen Fachmann. Es gibt inzwischen viele Verhaltenstherapeuten oder Tierärzte, die sich auf die Verhaltenstherapie spezialisiert haben. Sicher finden Sie auch einen in Ihrer Nähe. Man kann bei Verhaltensproblemen auf jeden Fall eine Menge machen. Mich wundert es oft, mit welcher Aufopferungsbereitschaft die Menschen mit den Problemen Ihrer Tiere leben, weil Sie es gar nicht für möglich halten, dass man daran etwas ändern könnte. Aber man kann!

Man sollte sich aber auch nicht dazu verleiten lassen, bestimmte Probleme sozusagen per Knopfdruck lösen zu wollen. Wer keine Zeit hat, einen Hund auszubilden, sollte sich ein Plüschtier zulegen. Denn jede Ausbildung ist auch immer eine Beschäftigung mit dem Tier, und da Hunde soziale Tiere sind, ist Beschäftigung sozusagen lebensnotwendig.

Rückrufkommando IV

Ihre Aufgabe in dieser Übung ist es jetzt, sich immer stärkere Ablenkungen einfallen zu lassen, um damit das Rufen zu trainieren. Überlegen Sie sich am besten in Ihrem Trainingstagebuch möglichst viele Steigerungen an Ablenkungen. Fangen Sie leicht an, werden Sie aber nach und nach immer schwieriger in Ihren Anforderungen, bis dann Ihr Endziel ist, den Hund von einem flüchtenden Kaninchen abzurufen.

Wichtig ist nun, dass Sie mit dem Hund aber immer nur auf der Stufe üben, wo er auch Erfolg haben kann! Das gilt für Sie natürlich auch. Ersparen Sie sich Misserfolg! Sie werden sehen, wie viel Spaß die Ausbildung dann machen kann! Wenn es auch so scheint, als käme man nur langsam

Sie müssen es mit dem Hund üben, dass er auch auf Ihr Rückrufkommando hört, wenn er so ins Spiel vertieft ist, wie hier Aljoscha und Vita.

voran, erreicht man doch weitaus mehr, als wenn Sie die Anforderungen sofort zu hoch setzen.

Hier gebe ich Ihnen einige Anregungen. Bedenken Sie aber, dass Hunde sehr unterschiedlich sind. Wenn ich es hier als relativ leicht darstelle, einen Hund von einer gut riechenden Stelle abzurufen, aber als schwieriger, dasselbe zu machen, wenn er mit einem anderen Hund spielt, kann es sein, dass es für Ihren Hund genau umgekehrt ist. Versuchen Sie, Ihren Hund immer besser kennen zu lernen und versuchen Sie, ein Gefühl für immer steigende Anforderungen zu entwickeln.

Hier also die Anregungen für die Rückrufübung:

- Der Hund soll kommen, wenn er gerade irgendwo schnüffelt,
- wenn er von Ferne einen anderen Hund, andere Tiere oder Menschen entdeckt, wobei es natürlich schwieriger wird, je mehr sich die Entfernung verringert.
- Er soll kommen, wenn er mit anderen Hunden spielt,
- wenn er gerade einem Ball nachläuft,
- wenn er durch andere Hunde, Menschen, Sonstiges durchlaufen muss, um zu Ihnen zu kommen,
- wenn ein anderer Hund in die entgegengesetzte Richtung läuft,
- wenn Sie auf ihn zulaufen,
- wenn er sehr motiviert einer Beute an der Reizangel nachjagt,
- wenn er ein Kaninchen weit weg entdeckt hat und schließlich
- wenn er einem Kaninchen oder sonst einem für ihn hoch motivierenden Objekt in unterschiedlicher Entfernung folgt.

Viele Situationen sind dieselben, die Sie auch für die Übung des »Nein«-Kommandos benutzen können. Sie haben also nach einigem Üben zwei Kommandos, mit denen Sie den Hund aus einer eventuell kritischen Situation abrufen können.

Bis das aber einigermaßen verlässlich klappt, empfehle ich Ihnen, in Situationen, in denen Sie ziemlich sicher wissen, dass der Hund nicht folgen wird, entweder Ihr altes Rückrufkommando zu verwenden oder – wenn Ihr Hund von Anfang an das Glück hatte, auf die vorgestellte Weise ausgebildet zu werden – sich ein Wort auszudenken, auf das Ihr Hund nicht zu folgen braucht. Erfahrungsgemäß hat man nämlich sonst Probleme mit manchen Mitmenschen, die es in bestimmten Situationen absolut nicht nachvollziehen können, dass man den Hund manchmal besser nicht ruft, damit man sich sein Kommando nicht kaputt macht. Diesen Leuten zuliebe können Sie dann wenigstens so tun, als ob ...

»Sitz Bleib« II

Um diese Übung immer weiter zu verfeinern, müssen Sie sich zunächst einmal klar machen, welche Anforderungen Sie an den Hund stellen. In diesem Fall sind das:

- Er soll sitzen bleiben, bis Sie ihn wieder abrufen oder er das Freizeichen bekommt (und sich nicht hinlegen oder aufstehen),
- er soll sitzen bleiben, egal wie weit Sie weg sind,
- egal, wie lange Sie weg sind und
- unabhängig davon, welche Ablenkung um ihn herum herrscht.

Alle diese Dinge müssen unabhängig voneinander geübt werden. Und wenn man sie nicht geübt hat, darf man nicht erwarten, dass der Hund die einzelnen Sachen auch beherrscht. Es ist nämlich für den Hund wieder etwas ganz anderes, ob er liegen bleiben soll, wenn er Sie sieht oder wenn er Sie nicht mehr sieht, wenn Sie drei Meter neben ihm stehen oder zwanzig Meter weit weg sind, wenn keine Ablenkung da ist oder wenn z.B. andere Hunde vorbeigehen.

Üben Sie also die einzelnen Anforderungen einzeln. Wenn Sie an einer Sache üben, können Sie die übrigen in dem Moment vernachlässigen, wenn der Hund verstanden hat, worum es geht.

Dass er sitzen soll, wenn Sie »Sitz« sagen und sich nicht hinlegen oder aufstehen soll, haben Sie schon beim Kommando »Sitz« geübt. Jetzt könn-

Wenn Sie die Dauer beim »Sitz Bleib« schon geübt haben, kommt als nächstes Kriterium die Entfernung. Die Anforderungen an die Dauer werden in dem Moment erst mal wieder vernachlässigt. Hat der Hund verstanden, worauf es ankommt, wird unter allmählich steigender Ablenkung geübt (in diesem Fall ein vorbeigehendes Mensch-Hund-Team).

ten Sie als Nächstes an der Dauer arbeiten. Das tun Sie mit variabler Belohnung der unterschiedlichen Dauer des Verhaltens. Während Sie also vor oder neben dem Hund stehen, steigern Sie ganz allmählich den Zeitraum, in dem der Hund sitzen bleiben soll. Denken Sie daran, variabel zu sein, d.h. mal wird der Hund belohnt nach einer Minute, mal nach zwei, mal aber auch schon nach einer Sekunde.

Die Zeit sollten Sie nach und nach bis auf mehrere Minuten steigern.

Als Nächstes arbeiten Sie an der Entfernung. Jedes Mal entfernen Sie sich jetzt unterschiedlich weit von dem Hund, dabei wird zunächst die Zeit, die der Hund sitzen soll, nur so kurz gehalten, wie Sie benötigen, um einen bestimmten Abstand zu erlangen. Denken Sie daran: Jetzt arbeiten Sie nur an der Entfernung. Erst wenn auch die unterschiedlichen Entfernungen gut klappen, werden beide Dinge verbunden. Dann arbeiten Sie also in den jeweils unterschiedlichen Entfernungen an den unterschiedlichen Zeiten. Denken Sie daran, die Anforderungen immer nur so weit zu steigern, dass Sie und Ihr Hund auch Erfolg haben können! Denken Sie auch daran, von Zeit zu Zeit für eine besonders gut gelungene Übung einen Jackpot zu spendieren. Das sorgt dafür, dass das Lernen immer Spaß macht!

Erst wenn das alles in ablenkungsarmer Umgebung klappt, wird als Nächstes die Ablenkung eingebaut. Die anderen Kriterien werden dazu zunächst wieder deutlich zurückgeschraubt. Zuerst bleiben Sie also noch bei dem Hund oder entfernen sich dann nur kurz. Bei einer Art der Ablenkung werden dann wieder unterschiedliche Entfernungen und unterschiedliche Zeitdauern eingeführt. Wird die Ablenkung erhöht, bleiben Sie zunächst wieder bei dem Hund, usw. So können Sie Ihre Anforderungen in kleinen Schritten nach und nach steigern, bis Sie den Hund z.B. mitten auf einem Kirmesplatz hinsetzen können, um z.B. Karussell zu fahren. Für solche Situationen empfiehlt sich eher, den Hund abliegen zu lassen, wenn er länger warten muss. Das macht es ihm natürlich angenehmer. Das Liegenbleiben wird natürlich in gleicher Weise Schritt für Schritt aufgebaut wie das »Sitz Bleib«.

Sie werden bis jetzt sicher schon festgestellt haben, dass im Prinzip alle Übungen nach dem gleichen Schema ablaufen. Wenn man sich also an bestimmte Regeln hält, kann man dem Hund nahezu alles beibringen, wozu er körperlich und geistig in der Lage ist.

Auf einen Blick

- Strafe oder besser gesagt negative Verstärkung verringert die Wahrscheinlichkeit, dass ein bestimmtes Verhalten in Zukunft auftritt.
- Was herkömmlich unter Strafe verstanden wird, ist im engen Sinne eigentlich keine (weil das Verhalten eben nicht verringert wird) und von daher sehr fraglich in der Anwendung.
- Die Kriterien, die erfüllt sein müssen, um wirkungsvoll zu strafen, sind sehr schwierig zu erfüllen, weshalb man Strafe besser **nicht** in Betracht zieht im Umgang mit dem Hund!

Was beeinflusst das Lernen?

1. Ein Hund, der dazu gezüchtet wurde, mit den Menschen zu arbeiten, wie auf dem Foto der Border Collie, lässt sich naturgemäß leichter motivieren …
2. … als einer, der dazu gezüchtet ist, alleine zu arbeiten, wie hier der Kangal.

Es gibt Verhaltensforscher, die sich mit der Intelligenz der Hunde befasst haben. Die Forscher Scott und Fuller kamen nach dreizehn Jahren intensiver Forschung auf dem Gebiet zu folgendem Ergebnis: »Aus all den Informationen, die wir bis jetzt haben, können wir schließen, dass in etwa alle Rassen dasselbe Niveau an Leistung erbringen, wenn es darum geht, Probleme zu lösen; vorausgesetzt, sie können ausreichend motiviert werden, und vorausgesetzt, körperliche Unterschiede und eventuelle Nachteile wirken sich nicht im Test aus, und vorausgesetzt, dass störende emotionelle Reaktionen wie Angst ausgeschlossen werden können. Kurz gesagt: Hunde aller Rassen scheinen sich, was die Intelligenz angeht, ziemlich zu gleichen.«

Die Forscher Breland-Bailey und Bailey, die wohl die meiste Erfahrung darin haben, unterschiedliche Tierarten auszubilden, gehen sogar so weit, dass sie sagen: »Jedes Tier ist das intelligenteste in der ökologischen Nische, in der es lebt.«

Außerdem ist es ja schon schwierig, die menschliche Intelligenz zu messen. Wie sollten wir das für ein Tier anstellen, damit wir ihm auch gerecht werden und es nicht anhand menschlicher Maßstäbe beurteilen.

TIPP

Wir dürfen Intelligenz nicht mit Trainierbarkeit und Gehorsam gleichsetzen. Das eine hat mit dem anderen nichts zu tun.

Damit kommen wir auch schon zum nächsten Punkt:

▸ Unterschiedliche Rassen – unterschiedliches Lernen

Die vielen Hunderassen sind zum großen Teil entstanden, weil der Mensch Hunde für bestimmte Aufgaben brauchte. Die Hunde, die sich für eine Aufgabe besonders eigneten, wurden weitergezüchtet. Aufs Aussehen wurde ursprünglich keinen Wert gelegt. Das hat sich heute geändert. Heute suchen sich viele Menschen einen Hund aus, weil er ihnen vom Aussehen gut gefällt. Das führt häufig zu Problemen. Man kann einen Arbeitshund nicht den ganzen Tag in der Wohnung einsperren und meinen, drei mal zehn Minuten Auslauf seien genug für ihn.

Aber das ist jetzt nicht unser Thema, denn es geht um das Lernen. Da gibt es dann auch beträchtliche Unterschiede in der Art und Weise oder in der Schnelligkeit, in der die unterschiedlichen Hunde lernen. Das hängt nicht nur von der Rasse ab. Selbst innerhalb einer Rasse zeigen sich oft große Unterschiede. Daher besteht absolut kein Grund, neidig auf dem Hundeplatz zum Nachbarteam zu schielen, wie gut diese die gestellte Aufgabe schon lösen, man selber jedoch nicht so richtig weiterkommt.

Mit manchen Hunden ist es eben einfacher als mit anderen. Auch wenn es schon innerhalb einer Rasse große Unterschiede geben kann, fallen noch deutlicher die Unterschiede zwischen den Rassen auf.

Es kommt viel darauf an, wozu der Hund gezüchtet wurde. Wurde er auf die Zusammenarbeit mit dem Menschen gezüchtet, wie das bei bestimmten Jagdhunden oder Hütehunden der Fall ist, oder war er für die selbstständige Arbeit gedacht? »Eigenwillig«, »unabhängig«, »selbstbewusst« oder »stur« findet man oft als Beschreibungen für Rassen, die nicht so leicht zu erziehen sind. Aber auch bei denen funktionieren die Lerngesetze. Daher kann man jeden Hund erziehen! Für manche Hunde muss man nur etwas einfallsreicher als für andere sein und darf seine Erwartungen vielleicht nicht ganz so hoch stecken. Auf jeden Fall tut man immer gut daran, sich beim Anschaffen eines Hundes mehr nach seinen Eigenschaften als nach seinem Aussehen zu richten.

▸ Lernen findet immer statt

Lernen findet nicht nur samstags vormittags auf dem Hundeplatz, sondern immer statt. Das muss man sich immer bewusst machen! Vieles bringen wir dem Hund nämlich ganz unbeabsichtigt bei, obwohl wir das vielleicht gar nicht wollen.

Manche Hunde machen z.B. ein Riesentheater, bevor es zum Spazierengehen losgeht. Es wird an der Haustür herumgesprungen und gebellt, sobald Frauchen oder Herrchen die Leine in der Hand hat. Was passiert? Dadurch, dass die Tür dann aufgeht und der Hund hinauskommt, wird er für sein Verhalten positiv verstärkt. Die Wahrscheinlichkeit, dass er sich das nächste

Ein Hund, der vor dem Spaziergang an der Tür verrückt spielt, herumspringt und bellt, wird durch das Öffnen der Tür genau für dieses Verhalten belohnt.

Mal wieder so anstellt, wird erhöht. So lernt der Hund ganz schnell ein von uns eigentlich unerwünschtes Verhalten.

Im Folgenden sehen wir uns noch einige Beispiele dieser Art an. Es ist für eine gute Verständigung mit dem Hund nämlich wichtig, sich dieser Tatsachen bewusst zu sein. Außerdem ist es wieder nicht die Schuld des »dummen Hundes«, wenn er manch ein ungewolltes Verhalten lernt, sondern meistens unsere eigene.

SO LERNT JEDER HUND PERFEKT, AN DER LEINE ZU ZIEHEN ▶ »Das will ich meinem Hund ja gar nicht beibringen!« werden Sie denken. »Dann brauche ich dieses Kapitel auch nicht zu lesen.«

Tun Sie es lieber doch. Aus Erfahrung kann ich Ihnen nämlich sagen, dass – obwohl niemand dem Hund das An-der-Leine-Ziehen beibringen will – es so gut wie jeder unbewusst tut.

Sehen wir uns das mal genauer an: Der Welpe ist das erste Mal an der Leine. Anfangs geht man meistens mit dem kleinen Kerl vor die Tür, damit er sein Geschäft erledigen kann. Man lässt ihn also hier und da schnüffeln, damit er sich den besten Platz aussuchen kann. Zieht er zu seiner Lieblingshecke, geht man hinterher. Der Welpe wird also für sein Ziehen von Anfang an positiv verstärkt.

Später nimmt man den Hund dann auf Spaziergängen mit. Man hat eine bestimmte Richtung eingeschlagen, der Hund zieht, weil er ein viel schnelleres Grundtempo hat, man selber geht schön hinterher, verstärkt also den Hund in seinem Verhalten. Irgendwann sagt man sich dann, dass es so nicht weitergehen kann. Der Kleine wird schließlich immer stärker und kommt in ein Alter, in dem man sich so langsam benehmen muss. Also wird hier und da einmal mehr oder weniger kräftig an der Leine geruckt. Wenn man gerade so im Gespräch mit einem Begleiter vertieft ist, denkt man vielleicht nicht immer daran, auch zu reagieren, wenn der Hund zieht. Der Hund hat also wieder Erfolg und wurde zudem perfekt variabel verstärkt. Mal klappt es und mal klappt es nicht, dass er seinen Menschen vorwärts ziehen kann.

Sie haben schon gelernt, dass die variable Verstärkung optimal dazu dient, ein bestimmtes Verhalten auch gut im Hund zu festigen.

Was also passiert meistens? Ganz unbewusst wendet man perfekt die Lerntheorien an, um dem Hund ein Verhalten beizubringen, was man eigentlich gar nicht beabsichtigt hat.

DIE SACHE MIT DEM BRIEFTRÄGER ▶ Stellen Sie sich doch jetzt einfach vor, Sie wären ein Hund. Sie liegen gelangweilt in der Wohnung herum. Auf einmal hören Sie, dass sich jemand der Haustür nähert. Das müssen Sie als dazu veranlagter Hund auch melden, indem Sie bellen. Jetzt lässt dieser Jemand auch noch etwas durch den Türschlitz fallen. Er markiert also vor Ihren Augen. Das geht doch zu weit! Den wollen Sie jetzt aber vertreiben. Laut bellend machen Sie dann einen richtigen Aufstand und geben Ihr Bestes, diesen Eindringling in die Flucht zu schlagen. Und siehe da: Zuerst können Sie es gar nicht fassen, aber Ihnen ist es tatsächlich gelungen, diesen Eindringling in die Flucht zu schlagen. Voller Stolz lässt Sie das als Hund um einige Zentimeter wachsen. »Der soll sich

Viele Hunde lernen – von ihren Besitzern unbeabsichtigt –, Briefträger vehement zu vertreiben.

bloß noch einmal trauen, wieder zu kommen. Dem werde ich es schon zeigen!« denken Sie sich vielleicht.

Und dieser jemand kommt wieder. Pünktlich um dieselbe Zeit wagt er sich am nächsten Tag wieder an die Tür und wagt es auch diesmal, in dieser seltsamen Art zu markieren. Sie strengen sich wieder an und vertreiben den Feind. Erfolgreich!

Natürlich ist das jetzt alles sehr vermenschlicht dargestellt. So wird Ihnen aber die positive Verstärkung deutlich. Etwas Unangenehmes, nämlich der Briefträger, verschwindet, wenn der Hund bellt. Dass der sowieso gehen würde, weil es eben sein Beruf ist, von Haus zu Haus zu gehen, das kann der Hund nicht wissen. In seiner Welt gibt es einen solchen Beruf nicht.

HILFE, MEIN HUND KNURRT ... ▶

... z. B. den Tierarzt an! Stellen wir uns einmal einen ganz normalen Tierarztbesuch vor, vielleicht zu einer Impfung. Der Hund sitzt auf dem Tisch, Besitzer hält ihn fest und redet mit dem Tierarzt über alle möglichen Dinge. Der zieht die Spritze auf. Vielleicht wird es in dem Moment auch dem Besitzer schon etwas mulmig, schließlich leidet man als Mensch mit seinem Hund mit.

Automatisch wird also der Hund etwas fester angefasst. Die Spannung des Besitzers überträgt sich natürlich auf das Tier, es wird unsicher. Da es aus dieser Situation nicht weg kann, knurrt es, um sich zu verteidigen. Wie reagiert jetzt so gut wie jeder Besitzer? Er versucht seinen Hund zu beruhigen! Er streichelt ihn: »Ist doch gar nicht so schlimm! Es tut ja auch gar nicht weh! Sei schön brav, du darfst doch den Onkel Doktor jetzt nicht anknurren....«

Was bedeutet das aber für den Hund? Er bekommt eine ganz tolle positive Verstärkung für sein ängstliches und aggressives Verhalten. Er versteht nämlich nicht die Worte, sondern nimmt nur den sanften Tonfall wahr. Für ihn bedeutet das dasselbe wie: »Schön machst du das, mach weiter so!«

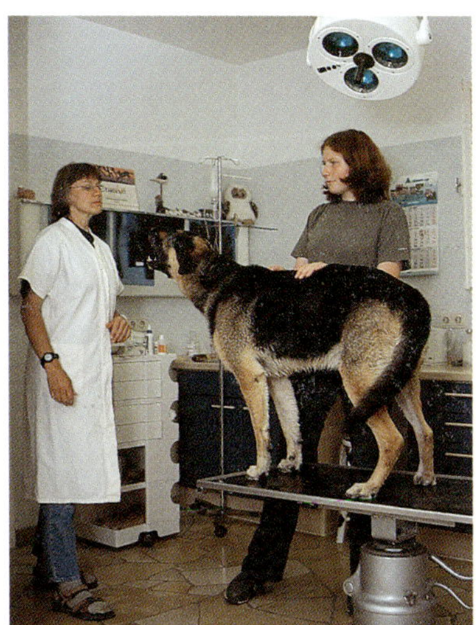

In der Tierarztpraxis kommt es häufig zu Missverständnissen zwischen Hund und Besitzer. Der Mensch sagt: »Bleib ruhig, es passiert dir schon nichts!« Der Hund versteht: »Gut machst du das, bell weiter!«

Was lernt also der Hund? Richtig: dass er sich beim nächsten Mal wieder so verhalten soll.

Seltsamerweise stimmt auch hier bei allen Hundebesitzern das Timing, auch bei denen, die sonst Schwierigkeiten damit haben.

Wenn man diesen Lernprozess in der Weise vermeiden will, darf man den Hund also nur streicheln, solange er ruhig und entspannt ist.

Hunde knurren auch in anderen Situationen, meistens wenn sie sich unsicher fühlen. In vielen Köpfen herrscht noch die Meinung, ein Hund darf einen nicht anknurren. Da sollte man in der Tat etwas dagegen tun, nur nicht dem Hund das Knurren verbieten.

Als Beispiel der knurrende Hund an der Futterschüssel. Sein ganzer Körper drückt Unsicherheit aus: die angelegten Ohren, die nach hinten gezogenen Mundwinkel und der eingeklemmte Schwanz.

Wenn man in dieser Situation dem Hund durch Schimpfen oder – wie es auch oft geschieht – durch Prügel das Knurren verbietet, nimmt man ihm damit nicht seine Angst. Eher das Gegenteil ist der Fall. Der Hund lernt aber durch diese Strafe (bzw. negative Verstärkung) durchaus, dass er nicht mehr knurren darf. Also wird er beim nächsten Mal ohne Vorwarnung zuschnappen! Wieder ist es dann meistens der böse Hund, der aus heiterem Himmel und ohne Anzeichen beißt. Dabei wurde ihm das genauso beigebracht!

Dieser Hund knurrt vor lauter Angst. Man könnte ihm zwar das Knurren verbieten, würde ihm damit jedoch die Angst nicht nehmen.

Das Knurren sollten Sie daher in jeder Situation ernst nehmen und nicht unterdrücken. Natürlich sollte der Hund nicht knurren und man muss auch daran arbeiten! Aber das wird man machen, indem man dem Hund die Angst vor der furchteinflößenden Situation nimmt oder indem man ihm einen Ausweg schafft.

Auf keinen Fall darf man diesen wertvollen Anzeiger der Hundeverfassung durch Gewalt unterdrücken. Es würde schließlich auch keiner auf die Idee kommen, das Birnchen aus dem Ölstandsanzeiger im Tachometer zu entfernen, weil es nicht gut ist, wenn dieses Licht angeht. Denn auch das ist eine wichtige Warnung und abstellen tut man es auf andere Weise.

WARUM BELLT MEIN HUND ANDERE HUNDE AN, WENN ER AN DER LEINE IST? ▶ »Mein Hund bellt nur so, wenn er an der Leine ist. Wenn er frei läuft, ist er ganz friedlich.« Das ist ein Satz, den ich von ganz vielen Hundehaltern höre. Und ganz viele Hundehalter haben eine richtige Bestie an der Leine, wenn ihnen ein anderer Hund entgegenkommt. Das macht natürlich gerade in der heutigen Zeit keinen guten Eindruck, also sehen wir uns diese Situation einmal genauer an:

Viele Hundehalter verstärken unbewusst das Bellen ihrer Hunde an der Leine bei Hundebegegnungen.

Viele Hunde fühlen sich an der Leine etwas unsicher, wenn ihnen ein starker Hund entgegenkommt, sie aber nicht ausweichen können, weil sie an der Leine sind. Etwas, wovor man nicht weglaufen kann, kann man aber immer noch versuchen, selber in die Flucht zu schlagen.

Deshalb bellt der Hund vielleicht das erste Mal an der Leine. Wie reagiert der Besitzer darauf? Es gibt mehrere Möglichkeiten, die alle das Verhalten des Hundes positiv verstärken.

Manche Hundehalter versuchen, den Hund zu beruhigen. Sie streicheln ihm über den Kopf und reden auf ihn mit sanfter Stimme ein: »Sei schön brav, der macht doch nichts. Das ist doch nur der Max.« Dieses Beispiel kennen Sie schon aus der Tierarztpraxis. Der Besitzer lobt den Hund ganz toll und könnte genauso gut sagen: »Schön machst du das, mach weiter so!«

Oder der Mensch schimpft und schreit seinen Hund an. Der merkt zwar, dass Herrchen schimpft, verknüpft das aber eher mit dem anderen Hund als mit seiner Verhaltensweise. Und wenn Herrchen auch schimpft, dann klappt das zu zweit natürlich doppelt gut. Auch das wird also das Verhalten des Hundes verstärken.

Nach diesen für den Hund durchaus positiven Erfahrungen und weil es ja zusätzlich noch immer geklappt hat, den anderen Hund zu verjagen (der Hund weiß nicht, dass der sowieso weitergegangen wäre), wird er das Verhalten immer öfter und immer stärker zeigen.

Jetzt kommt dazu, dass Herrchen oder auch Frauchen direkt die Leine stramm hält, wenn der andere Hund in Sicht kommt. Das stramme Halsband hält dem Hund den Sauerstoff ab, was zusätzlich für Stress sorgt. Auch der Mensch am Ende der Leine ist schon ganz aufgeregt und nervös, was sich natürlich sofort auf den Hund überträgt. Wenn der jetzt – auf Rat eines guten(?) Freundes hin – ein Stachelhalsband trägt, damit er besser zu halten ist, kommen zu dieser Aufgeregtheit auch noch die Schmerzen am Hals, die mit diesem fremden Hund zu tun haben. Noch ein Grund mehr, sich richtig ins Zeug zu legen, um diesen Störenfried zu vertreiben!

Es ist sehr wichtig, mit einem Welpen eine Welpenspielgruppe zu besuchen.

Einem auf diese Weise immer bestärkten Hund sieht man seine ursprüngliche Unsicherheit kaum noch an. Das kann höchstens ein Fachmann noch erkennen. Wird man ständig für ein Verhalten belohnt, indem man erfolgreich ist, gibt das natürlich eine große Sicherheit. Das gilt für den Hund ganz genau wie für einen Menschen.

Sie sehen also: Lernen findet immer statt; nicht nur dann, wenn wir denken, jetzt üben wir mit unserem Hund. Dessen muss man sich immer bewusst sein. In jedem Augenblick finden Verknüpfungen statt! Wenn man sich dessen bewusst ist und die Gesetze des Lernens kennt, kann man das meiste Lernen in die richtigen Bahnen lenken.

Das waren natürlich alles nur Einzelfälle, obwohl sie relativ häufig so vorkommen. Sollten Sie mit Ihrem Hund ein solches Problem haben, wenden Sie sich an einen kompetenten Therapeuten. Mit Absicht vermied ich den Ausdruck »erfahrenen Therapeuten«. Es gibt nämlich leider viele, die in den letzten Jahren nichts dazu gelernt haben, immer noch dieselben Fehler machen, aber das dann Erfahrung nennen. Also seien Sie wachsam! Spätestens, wenn Ihr Therapeut zum Stachelhalsband greift, wissen Sie, dass Sie an den Falschen geraten sind!

▸ Lernen und Alter

Grundsätzlich können Hunde jeden Alters lernen und sie tun es auch. Man kann also in jedem Alter anfangen, einen Hund auszubilden. Der Satz »Mein Hund ist schon zu alt dazu« gilt nicht. Ein alter Hund lernt langsamer, weil auch die ganzen Stoffwechselfunktionen im Gehirn langsamer ablaufen. Vielleicht behält er auch nicht alles so gut, wie in jungen Jahren. Aber wie gut auch sehr alte Hunde noch lernen, kann man immer wieder feststellen, wenn die altersbedingten Wehwehchen losgehen. Da hat man z.B. einen Hund mit Blasenproblemen, der eine Zeit lang nachts hinaus muss. Dann ist das zu Grunde liegende Problem behoben, aber der Hund hat hervorragend gelernt: »Wenn ich nachts fiepse, steht Frauchen oder Herrchen auf und kümmert sich um mich.« Sie sehen hier wieder: Lernen findet immer statt, auch in jedem Alter!

Besonders wichtig fürs Lernen ist jedoch die Jugendzeit. Bei den Hunden ist in dieser Hinsicht die allerwichtigste Zeit die Sozialisationsphase bis zum Alter von ca. 12 Wochen. In dieser Zeit wird sozusagen das Fundament gelegt, auf das später aufgebaut werden kann. Mit unserem Nervenmodell können wir uns das so vorstellen, dass in dieser

Zeit die Verbindungen hergestellt werden, die wir später dann ausbauen. Verbindungen, die nicht da sind, können auch nicht ausgebaut werden! Das bedeutet, dass das, was in dieser Zeit versäumt wird, nie wieder nachgeholt werden kann! In dieser Zeit muss der Hund von A bis Z kennen lernen, was er später fürs Leben braucht. Alles, was er in dieser Zeit nicht kennen lernt, wird er später fürchten. Meist heißt es dann: »Der hat bestimmt mal eine schlechte Erfahrung gemacht.« Das trifft aber nur in den seltensten Fällen zu. Viel häufiger als eine schlechte hat der Hund gar keine Erfahrung gemacht. Mit etwa 12 Wochen ist diese wichtige Zeit vorbei, und das unwiederbringlich. Bitte helfen Sie mit zu verbreiten, wie wichtig Welpen- und Sozialisationskurse sind! Ein ganz großer Teil aller Verhaltensprobleme, die später in der Praxis auftauchen, beinhaltet eine mangelhafte Sozialisation. Und das müsste wirklich nicht sein!

Oft habe ich schon das Argument gehört: »Unser Kleiner folgt doch schon so gut. Was braucht der eine Welpenschule?« Erstens sollte es in einer Welpenschule nicht primär um das Befolgen von Kommandos gehen, sondern um das Kennenlernen möglichst vieler Umweltreize, vieler verschiedener Menschen und anderer Hunde. Entgegen der leider selbst in aktuellen Büchern über Hunde noch weit verbreiteten Auffassung ist z.B. eine Beißhemmung oder auch der Welpenschutz nicht angeboren, sondern muss in dieser Zeit erlernt werden. Zweitens ist es dagegen jungen Hunden schon angeboren, etwas zu folgen, was sich bewegt. Und ein Welpe, der nicht völlig isoliert vom Menschen aufwächst, wird natürlich seinem Menschen folgen. Er kann sozusagen zunächst gar nicht anders. Das darf man aber nicht mit Gehorsam verwechseln, was die allermeisten dann leider später auch feststellen. Nur ist es dann für viele Dinge zu spät.

Nutzen Sie also die Sozialisationsphase, denn wie gesagt: Verknüpfungen, die gar nicht vorhanden sind, kann man nicht ausbauen.

Auch Kommandos kann ein Welpe schon früh lernen. In einem unserer Kurse hatten wir vor einiger Zeit einen sechs Monate alten Landseer. Dieser Riese von einem Hund zog sein Frauchen wie ein Fähnchen hinter sich her. »Mir wurde gesagt, dass man erst ab einem halben Jahr mit einem Hund in die Hundeschule kann. Und jetzt wird es höchste Zeit!« Welch kostbare Zeit ist in diesem Fall schon verstrichen! Diese Altersgrenze von einem halben Jahr ist da von Bedeutung, wo mit Zwang ausgebildet wird. Diese Belastung hält ein jüngerer Hund nämlich nicht aus. (Selbst die allermeisten älteren Tiere haben Probleme damit.) Beruht die Ausbildung aber auf positiven Erfahrungen, stehen Spiel und Spaß im Vordergrund und wird darauf ge-

Im Spiel miteinander lernen die Welpen so wichtige Dinge wie die Beißhemmung.

achtet, den Welpen nicht zu überfordern, kann selbst ein Hund, der erst wenige Wochen alt ist, schon Kommandos lernen. Und Sie sollten sehen, mit wie viel Spaß die kleinen Kerlchen dann bei der Sache sind!

▸ Stress

Wer unter Stress steht, kann nicht lernen! Mehr noch: Chronischer Stress führt wahrscheinlich zu einem Absterben der Gehirnzellen. Das wurde zumindest an Pavianen schon nachgewiesen. Schön und gut, werden Sie sagen, aber was hat das jetzt mit der Ausbildung des Hundes zu tun?

Im Folgenden werden wir uns das genauer ansehen:

Zuerst überlegen wir einmal, was Stress erzeugt. Da können Sie ruhig von sich selber ausgehen, dann werden Ihnen sicher viele Beispiele einfallen.

So ist es sehr stressend, wenn man überfordert wird. Damit meine ich hier, wenn etwas von einem verlangt wird, das man gar nicht richtig beherrscht. Stressend ist auch, wenn man gar nicht weiß, was einen erwartet. Überhaupt alles Unbekannte kann stressen. Auch, wenn man etwas tun soll, was man gar nicht tun will, führt das leicht zum Stress. Versagen oder Misserfolg führt auch dazu. Das sind nur einige wenige Beispiele. Ihnen fallen sicher noch mehr ein.

Jetzt sehen wir uns mal einen Hund in der Trainingssituation an.

Oft werden Hunde überfordert, weil viel zu viel auf einmal von ihnen verlangt wird, was sie womöglich noch gar nicht richtig gelernt haben. Sie versagen bei einer Aufgabe. Das machen ihnen ihre Besitzer oft ziemlich deutlich. Auch der Besitzer ist in dem Moment gestresst, weil auch er versagt hat. Diese Stimmung wird dann noch zusätzlich auf den Hund übertragen. Der Hund weiß nicht, was ihn erwartet. Vielleicht kommt ja wieder ohne Vorwarnung ein Ruck an der Leine. Das ist übrigens auch noch schmerzhaft. Das verursacht zusätzlich Stress. Vielleicht wird dem Hund durch den Zug an der Leine auch die Luft abgehalten. Auch Sauerstoffmangel bedeutet Stress.

Wie Sie sehen, gibt es in der normalen Ausbildungssituation genügend Ursachen für Stress beim Hund. Und entsprechend häufig sieht man auch gestresste Hunde. Woran man sie erkennt, verdeutlichen **die nebenstehenden Abbildungen:**

Lämmerschwanz, Peniserektion, Hecheln, angelegte Ohren und Urinieren. All das, sowie über die Schnauze lecken, verspannte Muskulatur, Verweigern des Futters, Sichkratzen, Rennen und Bellen können Anzeichen von Stress sein, auch wenn sie es nicht unbedingt sein müssen. Sieht man solche Verhaltensweisen an seinem Hund im Training, sollte man sie auf jeden Fall wahr- und dann auch ernst nehmen. Denn Sie wissen ja: Unter Stress kann man nicht lernen. Ich erspare Ihnen in diesem Fall die biochemischen Ursachen dafür. Denn ich bin sicher, dass Sie diese Tatsache auch schon am eigenen Leib erfahren haben, als es um Prüfungen ging.

Das berühmte Black out in der Prüfung: Die Gedanken sind dann regelrecht blockiert.

Und blockiert ist auch der Hund in dem Fall und nicht stur. Er will Sie dann auch nicht vor den anderen bloßstellen. Er hat eben nur Stress. Er kann nichts dafür. Und er kann vor allen Dingen auch nicht mehr lernen. Sie können sich und dem Hund also weiteren Frust ersparen, indem Sie das Training an der Stelle abbrechen. Am besten machen Sie das mit einer sehr einfachen Übung, die der Hund auch in dieser Situation noch beherrscht, damit Sie ihn dafür noch loben können.

Wichtig ist also in der Ausbildungssituation, den Hund gar nicht erst bis zu dem Augenblick kommen zu lassen, in dem er dann gestresst ist. Eigentlich sollte es in einer Hundeschule Sache des Übungsleiters sein, die Anforderungen für Hund und Halter so zu gestalten, dass ein Lernen ohne Stress möglich ist. Das bedeutet jedoch, dass er alle Teams gut beobachten muss, was z.B. bei einer zu großen Gruppe nicht möglich ist. Das bedeutet auch, dass er seine Übungen wahrscheinlich nicht nach einem festen Schema durchziehen kann, denn er muss die Übungen immer wieder der Situation und dem jeweiligen Hund-Mensch-Team anpassen. Das bedeutet auch, dass manche Hunde vielleicht zunächst gar nichts in einer Hundeschule verloren haben, weil allein das Dasein sie schon stresst, z.B. weil sie die vielen fremden Hunde nicht gewöhnt sind oder weil Frauchen oder Herrchen auch ganz aufgeregt sind und sich diese Stimmung überträgt. Ein solcher Hund und sein Mensch brauchen dann zunächst ein Einzeltraining. Denn bei jeder Teilnahme in der Gruppe ist der Misserfolg vorprogrammiert. Um dem abzuhelfen, wird dann häufig zu strengeren Ausbildungsmethoden gegriffen. Dadurch entsteht ein Teufelskreis, bei dem der Hund eines gewiss nicht kann: nämlich lernen!

Achten Sie also auf die Zeichen, die Ihnen Ihr Hund gibt, und wenn Stressanzeichen darunter sind, hören Sie auf, ihm etwas beibringen zu wollen.

Kommando zum Entspannen

Auch mit einem Hund kann man Entspannungsübungen machen. Diese können in Situationen angewendet werden, wo Sie merken, es wird für den Hund stressig. Folgendermaßen können Sie ein Entspannungssignal aufbauen: Zuerst geht es wieder darum, eine Verknüpfung herzustellen. Geben Sie Ihrem Hund also so oft wie möglich ein bestimmtes Signal, wenn er entspannt in seinem Korb liegt oder wenn er z.B. entspannt neben Ihnen beim Fernsehen liegt. Das kann z.B. eine bestimmte Melodie sein, die Sie summen, oder es kann ein Kraulen am Ohr sein; ganz wie Sie wollen, vorausgesetzt, es ist für den Hund auch angenehm.

Hund dabei auch auf richtiger Höhe geht, kann man jetzt vernachlässigen. Jetzt ist nur die Nähe zum Knie wichtig. Das dritte Kriterium ist das Anschauen, die anderen solange vernachlässigen.

Erst wenn man so dem Hund Schritt für Schritt beigebracht hat, auf was es beim »Bei Fuß«-Gehen ankommt, kann man alle Einzelteile zusammensetzen, und der Hund weiß dann, was von ihm erwartet wird. Arbeitet man stattdessen an allen Kriterien gleichzeitig, wird das verwirrend und der Hund lernt nicht wirklich, was wir von ihm wollen.

In demselben Maße, wie Sie sich darin üben, die Erwartungen, die Sie an Ihren Hund haben, in möglichst kleine Schritte zu unterteilen, wird Ihr Hund Sie von Mal zu Mal besser verstehen. Er lernt, zu lernen. Sie werden staunen, welche Möglichkeiten der Verständigung Sie dann mit dem Hund haben!

Auf einen Blick

- Das Befolgen von Kommandos hat nichts mit Dominanz zu tun. Es ist eher eine Sache der Motivation und der Verständigung. Voraussetzung ist natürlich noch, dass der Hund die Kommandos auch gelernt hat.
- Die Gesetzmäßigkeiten der Lerntheorie funktionieren weitgehend unabhängig von Intelligenz. Wichtig ist aber die Intelligenz des Hundehalters! Der sollte nämlich durchschauen und verstehen, was er mit seinem Hund tut.
- Die unterschiedlichen Hunderassen sind für unterschiedliche Aufgaben gezüchtet und können dementsprechend manche Dinge besonders gut, andere weniger gut. Wichtig ist, dass man sich eine Rasse nach ihren Eigenschaften aussucht und nicht nach ihrem Aussehen. Ausbilden kann man aber jeden Hund!
- Lernen findet in jedem Augenblick statt! Dessen sollte man sich immer bewusst sein. Viele Dinge bringen wir dem Hund ganz unbewusst bei, wobei das letztendlich auch oft unerwünschte Verhaltensweisen sind. Es ist wichtig, sich immer wieder die Gesetzmäßigkeiten des Lernens vor Augen zu führen und das eigene Handeln dem Hund gegenüber auch kritisch zu überprüfen.
- Ein Hund kann in jedem Alter lernen und macht das auch! Besonders wichtig für die Entwicklung des Hundes ist jedoch die Zeit bis zu seiner 12. Lebenswoche. In dieser Zeit werden die Fundamente gelegt, auf denen später aufgebaut werden kann.
- Unter Stress kann man nicht lernen! Das kann auch der Hund nicht. Wichtig ist es daher, für eine stressfreie Atmosphäre in der Ausbildung zu sorgen!
- Viele körperliche Krankheiten können das Lernverhalten des Hundes beeinflussen. Wenn man in dieser Hinsicht Bedenken hat, sollte man das unbedingt bei seinem Tierarzt abklären lassen.

Service

Service

▸ Anregungen für das Üben mit dem Hund

Auf dieser Seite finden Sie einige Beispiele, was Sie Ihrem Hund alles beibringen können. Es ist nur eine kleine Auswahl, damit Sie sehen, was Hunde außer »Sitz«, »Platz« und »Bei Fuß« sonst noch lernen können:

- »Bitte, bitte«
- »Bell mal und sag Danke«
- »Schäm dich«
- »Verbeug dich«
- »Peng«
- »Tanzen«
- »Winken«
- »Wie groß bist du?«
- »Tür zu«
- »Bring die Fernbedienung«
- »Wo ist mein Autoschlüssel?«
- »Sprung durch die Arme«
- »Sprung über die Beine«
- »Achterbahn um die Beine«
- »Slalom durch die Beine«
- »Maulkorb tragen(s. S.73)«

»Sprung durch die Arme«

»... über das Bein«

»Bitte, bitte«

»Peng«

Lexikon

AXON Abführende Faser einer Nervenzelle, worüber die Reizweiterleitung zu anderen Zellen stattfindet.

ASSOZIATIONEN Verknüpfungen, die zwischen verschiedenen Gehirnbereichen gebildet werden.

ASSOZIATIONSZEIT Die Zeit, in der solche Verknüpfungen gebildet werden können.

ASSOZIATIVES LERNEN Das Bilden von Verknüpfungen im Gehirn ist die Voraussetzung dafür, dass Lernen stattfinden kann.

AUSZEIT Form der Strafe.

AVERSIVER STIMULUS Etwas für den Hund Unangenehmes.

BLACK OUT Plötzliche vorübergehende Bewusstseinseintrübung.

DOMINANZ Zeigt der in einer Zweierbeziehung Ranghöhere.

FORMEN (aus dem Englischen: shaping) Dem Hund etwas beibringen, indem man zuerst schon Vorstufen des gewünschten Verhaltens belohnt und die Anforderungen ganz allmählich steigert.

FORMEN DURCH HILFESTELLUNG Man gibt dem Hund eine Hilfe, indem man ihn z. B. in eine bestimmte Position lockt.

FREIES FORMEN Hierbei erarbeitet sich der Hund das gewünschte Verhalten ganz alleine. Er bekommt keinerlei Hilfe, außer dass mit Klicker und Belohnung gezeigt wird, wenn er sich auf dem richtigen Weg befindet.

FREIZEICHEN Ein Signal, das dem Hund deutlich macht, dass ein zuvor verlangtes Verhalten beendet ist und er bis zum nächsten Kommando machen kann, was er möchte.

GEGENKONDITIONIEREN Eine Möglichkeit, eine konditionierte (erlernte) Reaktion zu eliminieren.

GENERALISIEREN Verallgemeinern, ein bestimmtes Verhalten wird unter ähnlichen Bedingungen gezeigt.

INSTRUMENTELLE KONDITIONIERUNG Die Wahrscheinlichkeit des Auftretens eines Verhaltens ändert sich, weil dieses Verhalten eine bestimmte Folge hat.

JACKPOT Eine ganz besonders gute oder große Belohnung.

KLASSISCHE KONDITIONIERUNG Auf einen Stimulus wird zunehmend in einer bestimmten Weise reagiert, weil dieser mit einem bestimmten Ereignis zusammenfällt.

KLICKER Ein dem Knackfrosch nachempfundenes Kästchen, mit dem ein kurzes, prägnantes Geräusch erzeugt werden kann.

KOMMANDO Wort oder auch Körperbewegung, womit dem Hund signalisiert wird, dass ein bestimmtes Verhalten von ihm erwartet wird.

KONDITIONIERUNG Festigung von etwas Erlerntem durch sehr häufiges Wiederholen in kurzem Zeitabstand.

KONDITIONIERTER STIMULUS (CS) Ein Stimulus, der eine Reaktion hervorruft, weil er zuvor mit einem unkonditionierten Stimulus gepaart wurde.

KONDITIONIERTE REAKTION (CR) Die Reaktion auf einen konditionierten Stimulus.

KONDITIONIERTE HEMMUNG Durch einen bestimmten Stimulus (= konditionierter Hemmer) wird eine Reaktion, die normalerweise auf einen CS hin gezeigt wird, gehemmt oder blockiert. Beispiel für einen konditionierten Hemmer ist das

Schild an einem Automaten: Außer Betrieb!

LEARNED HELPLESSNESS Erlernte Hilflosigkeit: Der Hund hat gelernt, dass er keinen Einfluss auf seine momentane unangenehme Lage hat. Durch sein Verhalten kann er nichts ändern.

LÖSCHEN Das Verschwinden einer konditionierten Reaktion, weil der CS immer wieder alleine präsentiert wird.

MARKER Ein Geräusch, eine Berührung oder ein Sichtzeichen, wodurch ein bestimmtes Verhalten markiert, also hervorgehoben wird.

MEIDEVERHALTEN Der Hund vermeidet ein bestimmtes Verhalten, einen Gegenstand oder eine Situation, weil er davor Angst hat.

MOTIVATION Bereitschaft und Wille des Hundes, zu lernen und Gelerntes auszuführen.

MULTIPLIKATOR Vervielfacher – in diesem Fall jemand, der dazu beiträgt, ein bestimmtes Wissen zu verbreiten.

NEGATIVE VERSTÄRKUNG Alles, was dazu führt, dass der Hund ein bestimmtes Verhalten seltener ausführt.

NEGATIVER VERSTÄRKER z. B. Schmerz, Angst, Frustration, Enttäuschung.

POSITIVE VERSTÄRKUNG Alles, was dazu führt, dass der Hund ein bestimmtes Verhalten häufiger ausführt.

POSITIVER VERSTÄRKER z. B. Futter, Spiel, etc ...

PREMACK-PRINZIP Ein nach seinem Entdecker benanntes Prinzip, wobei man den Hund mit allem belohnen kann, was er lieber tun würde als das, was er gerade tut.

PRIMÄRER POSITIVER VERSTÄRKER Alles, was sozusagen von Natur aus als positiver Verstärker dient, wie Futter, Wasser, Sex ...

REIZ Ein Zeichen in der Umgebung des Hundes, das eine Reaktion auslöst.

SEKUNDÄRER POSITIVER VERSTÄRKER Etwas, was von sich aus unbedeutend ist und erst durch die Verknüpfung mit einem primären positiven Verstärker bedeutend wird, wie der Klicker für den Hund oder das Geld für Menschen.

SHAPING aus dem Englischen: Formen (siehe oben).

SIGNAL Ein Zeichen, das für den Hund im Laufe der Ausbildung eine bestimmte Bedeutung bekommt.

SIGNALKONTROLLE Der Hund führt ein bestimmtes Verhalten nur dann zuverlässig aus, wenn er das entsprechende Signal dafür bekommt.

TARGETSTICK aus dem Englischen: Zielstock, in unserem Fall ein Ausbildungshilfsmittel.

TIMING Wahl des richtigen Zeitpunktes.

UNKONDITIONIERTER STIMULUS (US) Ein Stimulus, der eine bestimmte Reaktion hervorruft, ohne dass diese trainiert werden muss.

UNKONDITIONIERTE REAKTION (UR) Reaktion, die auf einen unkonditionierten Stimulus hin gezeigt wird.

VERHALTENSKETTE Der Hund führt mehrere einzelne Verhaltensweisen in einer bestimmten Reihenfolge hintereinander aus.

VERSTÄRKER Etwas, was dazu führt, dass ein bestimmtes Verhalten häufiger (positiver Verstärker) oder weniger häufig (negativer Verstärker) auftritt.

Zum Weiterlesen

DelAmo, Celina: Probleme mit dem Hund verstehen und vermeiden. Ulmer, Stuttgart 1999.

Donaldson, Jean: Hunde sind anders. Kosmos, Stuttgart 2000.

Feddersen-Petersen, Dr. Dorit: Hundepsychologie. Wesen und Sozialverhalten Kosmos, Stuttgart, 2000.

Jones, Renate: Welpenschule leicht gemacht. Kosmos, Stuttgart 1997.

Lindsay, R.S.: Applied dog behaviour and training. Iowa State, University Press, USA 2000.

Pryor, Karen: Positiv bestärken, sanft erziehen. Die verblüffende Methode, nicht nur für Hunde. Kosmos, Stuttgart 1999.

Ramirez, Ken: Animal Trainig: Succsessful Animal Managment though Positive Reinforcement. Shedd Aquarium 1999.

Reid, Pamela J.: Excel-erated Learning. James & Kenneth Publishers 1996.

Schöning, Dr.med.vet. Barbara: Hundeverhalten. Kosmos, Stuttgart 2001.

Theby, Viviane & Hares, Michaela: ... darf ich bitten? Mein Hund als Tanzpartner. Kynos, Mürlenbach, 2001.

Winkler, Sabine: So lernt mein Hund. Kosmos, Stuttgart 2001.

»Für Chiara und Delia«

Danksagung

»Ganz herzlich möchte ich mich bei allen bedanken, die auf ihre Art an der Entstehung dieses Buches mitgewirkt haben: bei meinen Eltern, meiner Familie, meinen Lehrern, v.a. Barbara Schöning, Christiane Quandt, Anne McBride, beim Kosmos Verlag, »meinen« Lektorinnen Angela Beck und Jutta Eymann, beim Fotografen Christof Salata und seiner »Assistentin« Frau Sträb, bei der Zeichnerin Silke Bergener, bei den Models und natürlich bei allen Hunden bzw. Hund-Mensch-Teams, die mir bisher bei der Ausbildung begegnet sind und die mit zu diesem Wissen beigetragen haben, was ich in diesem Buch gerne weitergeben möchte.«

Register

PraxisWissen Hund

Die Ratgeber mit dem großen Service

Weitere Titel aus der Reihe PraxisWissen Hund:

- **Berner Sennenhund**
- **Bullterrier**
- **Cairn Terrier**
- **Dackel**
- **Deutsche Dogge**
- **Deutscher Schäferhund**
- **Dobermann**
- **Erste Hilfe für den Hund**
- **Golden Retriever**
- **Hovawart**
- **Hundeernährung**
- **Hundeerziehung**
- **Hundehaltung**
- **Hundeverhalten**
- **Jack Russell Terrier**
- **Labrador Retriever**
- **Mischlinge**
- **Neufundländer**
- **Riesenschnauzer**
- **Rottweiler**
- **Westie**
- **Zwergschnauzer**

Die Reihe wird fortgesetzt

Christel Fechler
Entlebucher Sennenhund

124 Seiten
105 Abbildungen
gebunden

ISBN 3-440-08031-5

Dr. med. vet.
Barbara Rustige
Hundekrankheiten

124 Seiten
94 Abbildungen
gebunden

ISBN 3-440-07798-5

Bildnachweis
75 Farbfotos von Christof Salata; Viviane Theby (S. 2 unten, 9, 19, 22, 23, 25, 30, 34 beide, 38 alle, 39, 57, 64, 65, 66 beide, 73, 78 beide, 79 beide, 96, 103, 105 beide, 106, 108, 109, 112, 116 beide unten); Karl-Heinz Widmann (S. 16).

Zeichnungen von Silke Bergener (S. 46, 47, 90, 110).

Impressum
Umschlaggestaltung von Atelier Reichert, Stuttgart, unter Verwendung von drei Fotos von Christof Salata.

Mit 108 Farbfotos und 14 Zeichnungen.

Alle Angaben in diesem Buch erfolgen nach bestem Wissen und Gewissen. Sorgfalt bei der Umsetzung ist indes dennoch geboten. Der Verlag und die Autorin übernehmen keinerlei Haftung für Personen-, Sach- oder Vermögensschäden, die aus der Anwendung der vorgestellten Materialien und Methoden entstehen könnten.

KOSMOS Postfach 10 60 11
D-70049 Stuttgart
TELEFON +49 (0)711-2191-0
FAX +49 (0)711-2191-422
WEB www.kosmos.de
E-MAIL info@kosmos.de

Die Deutsche Bibliothek – CIP-Einheitsaufnahme
Ein Titelsatz für diese Publikation ist bei
Der Deutschen Bibliothek erhältlich.

ISBN 3-440-09092-2
Projektleitung: Angela Beck
Redaktion: Jutta Eymann
Grundlayout: Friedhelm Steinen-Broo, eStudio Calamar
Satz und Layout: Andrea Kunkel, Stuttgart
Printed in Czech Republic / Imprimé en Républic tchèque
Druck und Binden: Těšínská Tiskárna, a. s., Český Těšín

Hundepass

NAME

GESCHLECHT

TÄTOWIERUNG

GEWORFEN AM

BEKOMMEN AM

BESONDERE MERKMALE

WICHTIGE ADRESSEN

TIERARZT

TIERÄRZTLICHER NOTDIENST

HUNDEVEREIN

HUNDEPENSION

HAFTPFLICHTVERSICHERUNG

ZOOFACHHANDEL

InfoLine

Viviane Theby

ist Tierärztin und hat sich auf Verhaltenstherapie spezialisiert. Mit den Problemen der Hundeerziehung ist sie aus der täglichen Beratung in der eigenen Praxis bestens vertraut.

Seit ihrer Kindheit ist Viviane Theby mit Tieren vertraut, da sie jede freie Minute auf dem Hof ihrer Großeltern verbrachte und dort Hunden, Katzen und sogar Kälbern lustige Dinge beibrachte.

In Wittlich leitet sie die Tierakademie Scheuerhof, in der Ausbildungskurse für Hunde, Welpenspielstunden, Klickertraining (auch für Pferde und Katzen), Dogdancing, Agility und Flyball angeboten werden.

Es ist ihr besonderes Anliegen, Tiere gewaltfrei und artgerecht auszubilden und tierschutzwidrigen Ausbildungen endlich ein Ende zu bereiten.

Sie können sich mit Ihren Fragen und Problemen an Viviane Theby wenden.
Schreiben Sie an die »Hunde-InfoLine« (bitte mit Rückporto):

Kosmos-Verlag
»Hunde-InfoLine«
Postfach 10 60 11
D-70049 Stuttgart